장영실의
생각실험실
: 해시계와 물시계

장영실의
생각실험실

: 해시계와 물시계

송은영 지음 | 오승만 그림

해나무

머리말

우리나라 최고의 임금은 누구일까요?

그래요, 세종대왕이에요. 어질고 덕이 뛰어난 임금을 성군(聖君)이라고 하는데, 세종대왕은 성군 중의 성군이죠.

그렇다면 우리나라 최고의 과학자이자 발명가는 누구일까요?

맞아요, 장영실이에요. 장영실은 세종대왕의 명을 충실히 받들어 훌륭한 발명품을 여럿 만들었어요. 이러한 장영실의 걸출한 발명품 중에서 가장 많은 사랑을 받고 있는 것은 무엇일까요?

제 생각에는 해시계와 물시계가 아닐까 싶어요. 앙부일구(仰釜日晷)라는 이름의 해시계와 자격루(自擊漏)라는 이름의 물시계 말예요.

앙부일구와 자격루는 초등학교 입학 전부터 익히 들어서 그 이름이 제겐 참으로 친숙해요. 하지만 앙부일구와 자격루를 마주하는 순간, 그 친숙함은 바로 얼어붙고 말아요. 앙부일구와 자격루가 친숙한 이름만큼이나 시간도 쉬이 알려 줄 것이라 보았는데, 그게 아닌 거예요. 그래서 요리 보고 조리 보고 또 보지만, 오히려 궁금증만 쌓일 뿐이지요.

> 해시계 앙부일구는 어떻게 시간을 알려 주는 걸까?
> 물시계 자격루는 어떻게 시간을 알려 주는 걸까?

이 궁금증을 속속들이 파헤치는 방법은 장영실의 머릿속으로 들어가 보는 것이에요. 다음과 같은 의문을 품으면서요.

> 장영실은 해시계 앙부일구를 어떻게 만들었을까?
> 장영실은 물시계 자격루를 어떻게 만들었을까?

이에 대한 답이 이 책에 알차게 담겨 있어요. 해시계 앙부일구와 물시계 자격루의 발명 과정을 생각실험으로 한 조각 한 조각 맞춰 가다 보면, 세종대왕이 왜 위대하고 장영실이 왜 천재적인지 절로 느끼고 깨닫게 될 거예요. 이 값진 감탄의 경험을 여러분과 함께 나누고 싶어요.

송은영

차례

머리말 • 4

01. 세종대왕은 백성을 사랑했어요
세종대왕 시대엔 어떤 시계가 있었을까요? • 12
돌 한가운데에 막대기가 꽂혀 있어요 • 13
그림자의 위치로 시간을 알 수 있어요 • 20
세종대왕이 장영실을 불렀어요 • 22

02. 장영실이 해시계의 원리를 궁리해요
세종대왕이 해시계를 발명하라고 했어요 • 26
장영실이 해시계에 시각을 표시했어요 • 28
지평일구의 그림자를 따라가 보았어요 • 35
그림자의 길이가 짧아졌어요 • 38
그림자의 길이가 가장 짧아졌어요 • 40
정오와 자정은 이렇게 만들어졌어요 • 42
그림자의 방향이 반대가 되었어요 • 45
그림자가 대칭을 이루었어요 • 48
해시계의 원리를 깨달았어요 • 50

03. 장영실이 해시계를 만들었어요

1년은 24절기로 이루어져 있어요 • 54
하지는 낮이 길고 동지는 낮이 짧아요 • 56
하지 때보다 그림자가 더 길어져요 • 61
그림자가 점점 더 길어져요 • 64
장영실이 해시계에 12절기를 표시했어요 • 67
장영실이 해시계에 24절기를 표시했어요 • 70
장영실이 해시계를 완성했어요 • 75
장영실의 해시계를 사용해 봐요 • 78
장영실이 해시계의 모양을 완성했어요 • 83

그림으로 보는 해시계 • 90

04. 세종대왕은 더 완벽한 물시계를 원했어요

해시계만으로는 부족했어요 • 94
해가 져도 시간을 알고 싶었어요 • 96
물로 시간을 잴 수 있어요 • 98
자동 물시계를 발명하라고 했어요 • 102

05. 장영실이 물시계의 원리를 궁리해요

장영실이 수수호를 만들었어요 • 108
장영실이 파수호를 만들었어요 • 110
파수호의 물이 줄어들어요 • 114
장영실이 큰파수호를 만들었어요 • 117

06. 장영실이 물시계를 만들었어요

물이 누르는 힘에 따라 달라져요 • 124
빠른 물이냐, 느린 물이냐 • 128
물의 빠르기가 일정해야 해요 • 132
큰파수호와 작은파수호와 수수호가 있어요 • 135

07. 장영실이 자동 물시계를 만들었어요

물시계가 자동으로 움직이려면 • 142
물시계에 구슬을 이용했어요 • 146
방목을 어디에 놓을지 고민했어요 • 150
방목을 수수호 위에 올렸어요 • 153
물에 뜨는 부전을 만들었어요 • 156
수수호에 부전을 넣었어요 • 159
구슬이 떨어지면 나무 인형의 팔이 움직여요 • 161
자동 물시계를 완성했어요 • 165
세종대왕이 크게 기뻐했어요 • 169

그림으로 보는 물시계 • 170

참고 문헌 • 172

세종대왕 시대엔 어떤 시계가 있었을까요?

요즘은 시계가 흔해요. 손목시계, 탁상시계, 벽시계, 스마트폰 속의 시계, 초정밀원자시계 등 정말 많아요.

그렇다면 세종대왕 시대에는 어땠을까요? 원자가 무엇인지 몰랐고, 스마트폰이 발명되지 않았으니 초정밀원자시계와 스마트폰 속의 시계는 당연히 없었어요. 그렇다고 손목시계와 탁상시계와 벽시계가 있었느냐 하면, 그것도 아니에요. 세종대왕 시대에는 우리가 알고 있는 이런 시계들이 없었어요.

그럼 어떤 시계가 있었을까요?

지평일구가 있었어요. 지평일구는 어떤 시계였을까요?

장영실 과학동산 일구대.

돌 한가운데에 막대기가 꽂혀 있어요

세종대왕이 왕궁 뜰을 거닐다가 발걸음을 멈추었어요. 앞에는 평평한 돌이 놓여 있어요. 돌의 한가운데에는 기다란 막대기가 곧게 꽂혀 있고, 그 둘레로 동서남북의 방향과 시각이 쓰여 있어요.

"지평일구라……."

매일 마주하는 지평일구였어요. 하지만 오늘 따라 지평일구를 바라보는 세종대왕의 시선은 평소와 달랐어요.

지평일구는 한자로 지평일구(地平日晷)라고 써요. 지평(地平)은 땅처럼 평평하다는 뜻이에요. 일구(日晷)는 해시계란 뜻이에요. 그러니까 지평일구는 땅처럼 평평한 해시계가 되는 거예요.

세종대왕 시대의 지평일구는 오늘날의 눈으로 보면 너무나 단순한 시계라고 볼 수 있어요. 초와 분을 가리키는 초침과 분침은 말할 것 없고, 시간을 가리키는 바늘조차 없으니까요. 평평한 돌에 동서남북의 방향과 시각을 간단히 써 놓았을 뿐이에요. 하지만 세종대왕 시대에는 이런 시계조차 흔하지 않았어요. 세종대왕이 사는 왕궁에 몇 개, 높은 관직에 오른 양반의 집에 하나 둘 있을 정도

였어요.

　그러나 이마저도 온전한 형태로 전해지지 않고 있어요. 다만 우리는 기록을 통해서 세종대왕 시대와 그 이전 시대에 지평일구를 사용했다는 것을 알 수 있을 뿐이에요. 세종대왕 시대와 그 이전 시대의 지평일구는 그다지 많지 않았는데, 임진왜란 같은 큰 전쟁을 겪으면서 파손되고 잃어버렸어요. 다행히도 세종대왕 시대 이후의 지평일구는 몇 개가 온전하게 전해지고 있어요.

　세종대왕이 생각해요.

햇살이 지평일구의 가운데에
꽂혀 있는 막대기에 닿자
그림자가 생긴다.
그림자의 방향은
해가 뜬 방향과 반대이다.

세종대왕이 지평일구에 드리운 그림자를 바라보았어요. 그러고는 해가 있는 쪽으로 고개를 돌렸어요.
세종대왕이 생각을 이어가요.

해는 새벽녘에 동쪽에서 뜨지만
그림자는 그 반대인 서쪽에 생긴다.
해는 점점 높이 떠오르다가
한낮 무렵이면 가장 높은 곳에 이른다.

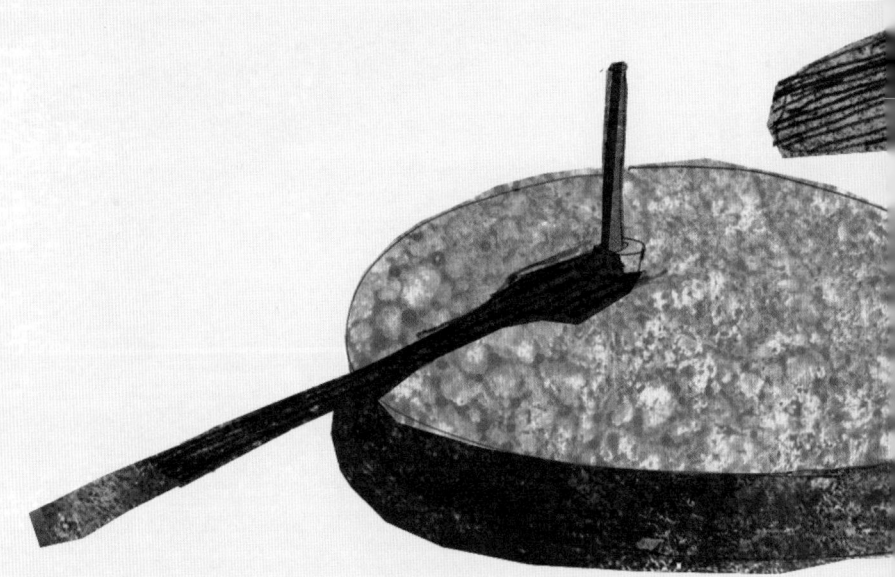

그림자도 그에 맞추어서 서서히 움직이다가
한낮 무렵에 가장 짧아진다.
한낮이 지나면 해는 차츰차츰 서쪽으로 기울고
그림자는 서서히 동쪽으로 향한다.
그러다가 해는 해질녘이 되면 서쪽 하늘에 걸치고
그림자는 동쪽 지평선이나 수평선에
거의 가 닿는다.

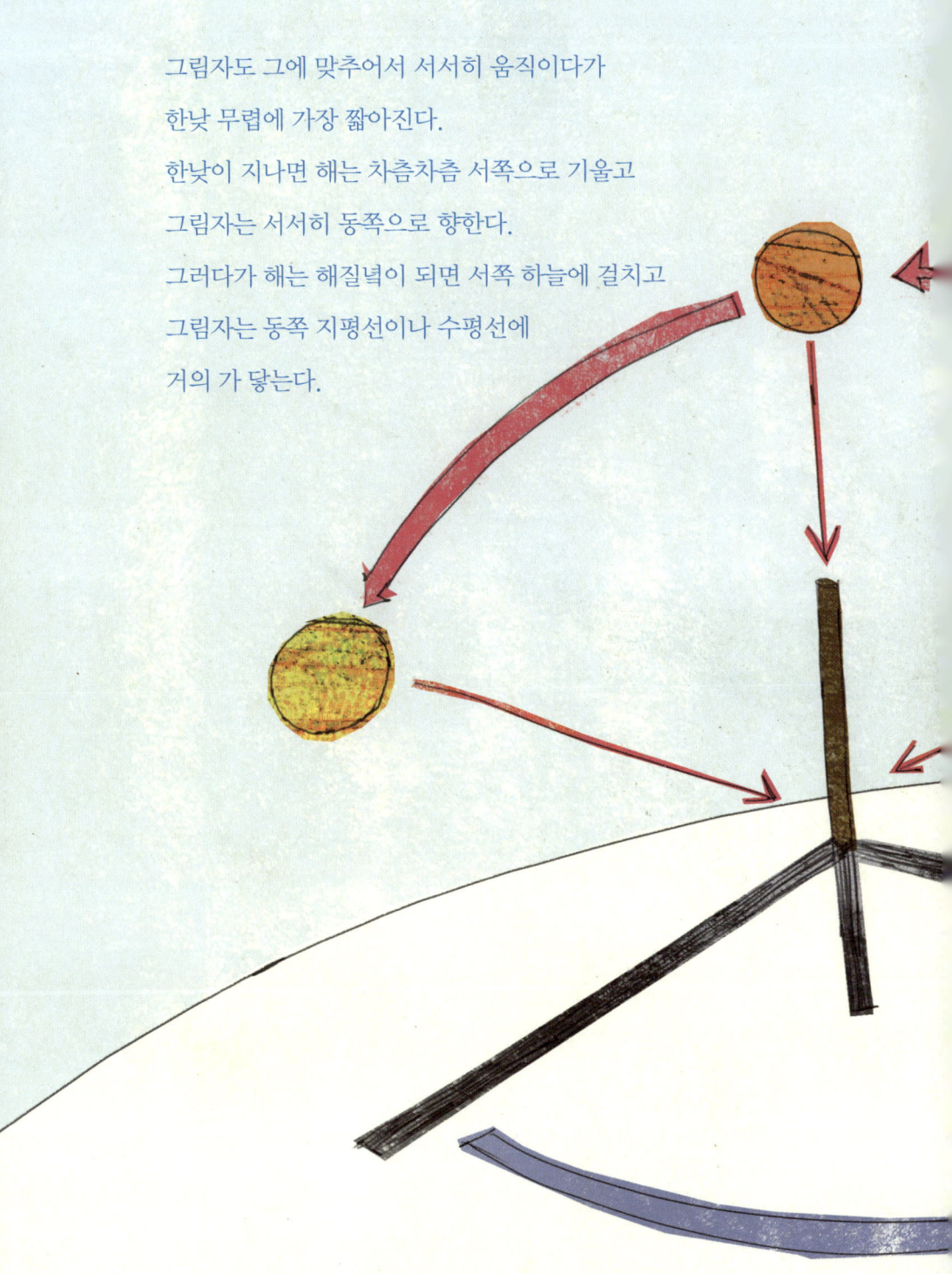

그래요, 해는 동쪽에서 떠서 서쪽으로 지고, 그림자는 그와 반대인 서쪽에서 동쪽으로 움직여요.

그림자의 위치로 시간을 알 수 있어요

　세종대왕이 지평일구에 드리워진 그림자를 손끝으로 만지고 있어요. 손끝이 그림자 끝에 이르자, 세종대왕이 눈을 감고 생각에 잠겨요. 세종대왕은 어떤 생각을 하고 있는 걸까요? 그의 머릿속으로 들어가 봐요.

　　지평일구에 그림자가 생긴다.
　　그때가 날이 샐 무렵이면 그림자 끝에 새벽녘이라 적는다.
　　그때가 해가 서산으로 넘어갈 즈음이면
　　그림자 끝에 해질 무렵이라 적는다.
　　그러면 해의 위치를 살피지 않고
　　그림자의 위치만 보고도 시각을 능히 알 수가 있다.

　그래요, 이것이 해와 그림자를 이용해서 시각을 알아 내는 해시계의 기본 원리이고, 지평일구의 기본 원리예요.

해시계의 기본 원리 1: 해와 그림자의 방향은 반대다.

해시계의 기본 원리 2: 그림자 끝에 시각을 적는다.

해시계의 기본 원리 3: 그림자가 닿은 쪽 시각을 보고 시간을 안다.

고대 이집트와 고대 중국에서는 이러한 원리로 만든 해시계를 기원전 수백여 년 전부터 사용했어요. 그만큼 해시계의 역사는 길었어요.

세종대왕이 장영실을 불렀어요

세종대왕이 지평일구를 뚫어져라 쳐다보더니 되뇌었어요.
"아쉽구나, 아쉬워."
세종대왕은 무엇이 아쉬운 걸까요?
우리나라의 임금 중에서 세종대왕만큼 백성을 아끼고 걱정한 왕은 없었을 거예요. 세종대왕이 백성을 사랑하는 마음이 얼마나 대단했는지는 훈민정음을 창제한 데서도 그대로 나타나니까요.
아쉽다, 라는 말을 되뇔 때 세종대왕은 이런 생각을 했어요.

임금인 나는 백성에게는 아버지와도 같다.
아버지는 가정을 잘 꾸려 나가야 할 책임이 있다.
그렇다. 임금인 나에게는 이 나라 백성이
풍요롭게 살 수 있게끔 해 줘야 하는 책무가 있는 것이다.
백성의 풍요로운 삶은 농사와 떼려야 뗄 수 없다.
백성들이 농사를 잘 지을 수 있도록
어떤 도움을 줄 수 있을까?

세종대왕이 지평일구로 향했던 고개를 들었어요.

"장영실을 데려와라!"

세종대왕의 부름을 받은 장영실이 한달음에 달려왔어요.

"전하 부르셨사옵니까."

장영실이 허리를 넙죽 꺾으며 말했어요.

"그대와 친히 논의할 게 있는데?"

"무엇이온지요?"

"고개를 들고 이것을 봐라."

세종대왕이 지평일구를 가리켰고, 장영실이 그쪽으로 얼굴을 돌렸어요.

"여길 보면 시각은 쓰여 있는데……."

장영실은 지평일구에 혹여 무슨 문제가 생겼는가 싶어 세종대왕의 다음 말을 초조히 기다렸어요.

"절기가 없다. 절기는 농사를 짓는 데 더없이 중요하다. 시각과 절기가 함께 들어간 해시계를 만들 수 있겠느냐?"

지평일구에 문제가 있는 것은 아니었어요. 장영실은 크게 안도했지만, 진짜 고민은 이제부터일 것 같았어요.

"쉽지는 않을 듯하옵니다. 소인이 최선을 다해 기필코 전하의 뜻을 이루어 내도록 하겠사옵니다."

02.
장영실이 해시계의 원리를 궁리해요

세종대왕이 해시계를 발명하라고 했어요

세종대왕의 부름을 받고 돌아온 장영실은 깊은 고민에 빠졌어요. 그도 그럴 것이 시각과 절기를 한꺼번에 알 수 있는 해시계를 만드는 일은 결코 쉬운 작업이 아니었기 때문이에요.

장영실은 혹여 중국에서 이런 시계를 만들었는가 싶어, 해시계와 관련된 자료들을 상세히 살펴보았어요. 그러나 찾지 못했어요. 아마도 장영실이 이런 해시계를 만든다면, 시각과 절기가 포함된 세계 최초의 해시계가 되지 않을까 싶었어요.

장영실이 생각해요.

> 전하께서는 매일 매일의 시각과 절기까지 알 수 있는
> 해시계를 발명하라고 하셨다.
> 이는 내가 전혀 예상하지 못한 것이다.

장영실은 세종대왕의 천재성에 늘 감탄하고 있었지만, 다시 한 번 세종대왕의 천재적인 발상에 감탄하고 있었어요.

장영실이 생각을 이어가요.

시각뿐만 아니라 절기까지 표시하려면
해시계의 모양이 지평일구와는 다소 달라져야 할 것 같은데…….
어떤 모양이 적합할까?

장영실은 이 문제를 놓고 몇 날 며칠을 고민하고 또 고민했어요.
장영실의 머릿속으로 들어가 봐요.

새로운 해시계는 지평일구처럼 평평하지 않을 것 같다.
평평하지 않다면?
아……, 지금으로선 구체적인 모양이 딱히 떠오르지 않는다.
이럴 때에는…….
그래, 이렇게 딱 막혀서
앞으로 나아가기 어려울 때는
처음으로 되돌아가 보는 것도
실마리를 찾는 좋은 방법이 될 수 있다.
그렇다. 일단 해와 그림자 사이의 관계부터
차근차근 확인해 보도록 하자.

장영실이 해시계에 시각을 표시했어요

장영실이 지평일구를 준비했어요. 장영실은 실험에 들어가기에 앞서 어떤 결과가 나올지 먼저 상상해 보았어요.

어둠을 뚫고 해가 서서히 떠오른다.
시각으로 따지면 이는 묘시 즈음일 것이다.

오늘날의 하루는 24시간이에요. 하루를 오전과 오후로 나누고, 오전과 오후를 1시에서 12시까지로 구분하지요.

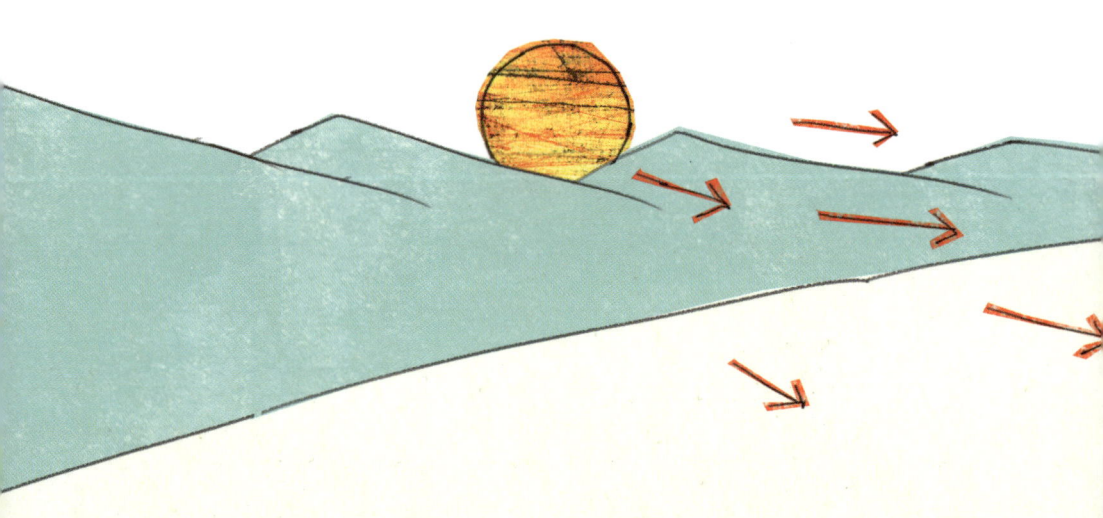

그러나 세종대왕 시대에는 달랐어요. 하루의 시간을 십이지(十二支)로 나타냈어요. 십이지라고 하니 다소 생소할 수도 있을 거예요. 하지만 '자, 축, 인, 묘, 진, 사, 오, 미, 신, 유, 술, 해'라는 말은 들어 본 적이 있을 거예요. 이것이 십이지예요.

십이지 : 자(子), 축(丑), 인(寅), 묘(卯), 진(辰), 사(巳),
　　　　 오(午), 미(未), 신(申), 유(酉), 술(戌), 해(亥)

우리나라는 새해가 되면 올해는 '용의 해', '원숭이의 해'와 같이 동물을 비유해서 말하곤 하는데, 이때의 동물은 십이지에 속하는 동물이에요.

자(쥐), 축(소), 인(호랑이), 묘(토끼), 진(용), 사(뱀), 오(말), 미(양), 신(원숭이), 유(닭), 술(개), 해(돼지)

조선 시대에는 십이지로 시각을 표시했어요. 그래서 하루의 시각이 12로 나뉘게 됐지요. 십이지가 뜻하는 시각은 다음과 같아요.

자시	오후 11시에서 오전 1시까지	오시	오전 11시에서 오후 1시까지
축시	오전 1시에서 오전 3시까지	미시	오후 1시에서 오후 3시까지
인시	오전 3시에서 오전 5시까지	신시	오후 3시에서 오후 5시까지
묘시	오전 5시에서 오전 7시까지	유시	오후 5시에서 오후 7시까지
진시	오전 7시에서 오전 9시까지	술시	오후 7시에서 오후 9시까지
사시	오전 9시에서 오전 11시까지	해시	오후 9시에서 오후 11시까지

여기서 보면, 묘시는 오전 5시에서 오전 7시까지예요. 두 시간이지요. 여름철에는 오전 5시 이전에 해가 뜨는 날도 있고, 겨울철에는 오전 7시 이후에 해가 뜨는 날도 있어요. 하지만 일 년의 대부분은 묘시에 해가 떠요. 그러니까 조선 시대에 묘시라고 하면, 동이 트는 시간, 즉 일출 시간이라고 보면 돼요.

장영실이 생각을 이어가요.

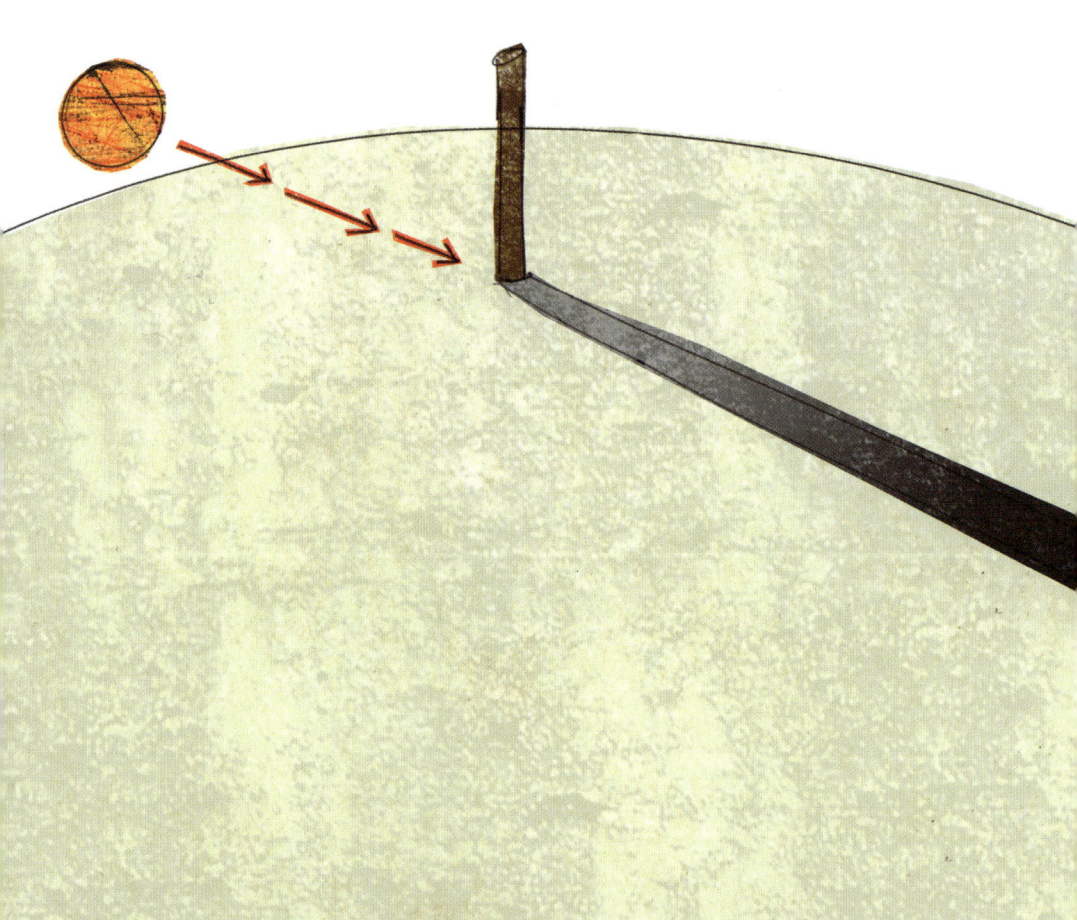

동이 트기 시작할 때의 해는
지평선이나 수평선에 거의 맞닿은 상태이다.
해가 수평에 가깝게 기울어져 있는 것이다.
이런 상태에서 나온 햇살이 막대기에 닿으면
그림자도 수평에 가깝게 드리워지며
해가 뜬 반대 방향으로 길게 뻗어 나간다.

장영실은 자신이 상상한 묘시 때의 상황, 즉 해가 뜬 위치와 그림자의 방향과 길이를 종이에 그려 보았어요.

장영실의 예측은 맞았을까요?

장영실이 긴장된 마음으로 앞에 놓인 지평일구를 바라보고 있어요. 아직은 동이 트지 않았어요. 하지만 곧 해가 모습을 드러낼 거예요. 마침내 해가 떠오르며 막대기의 그림자가 지평일구에 드리워지고 있어요. 수평에 가깝게 뻗어 나간 그림자 끝에 묘시라고 쓰여 있어요. 장영실의 예측은 옳았어요.

지평일구의 그림자를 따라가 보았어요

묘시 다음은 진시예요. 오전 7시에서 9시까지이지요. 진시일 때 해의 위치와 그림자의 방향과 길이는 어떻게 될까요?
 장영실의 머릿속으로 들어가 봐요.

진시는 묘시보다 두 시간 후이다.
해는 시간이 흐를수록 높이 떠오른다.
따라서 진시 때의 해는 묘시 때의 해보다
하늘 높이 올라가 있을 것이다.
해가 높이 떠오르면
햇살이 막대기를 비추는 각도는 더불어서 커진다.
묘시 때보다 막대기의 그림자가
땅바닥으로 덜 드리워지는 것이다.
그러므로 막대기의 그림자는
묘시 때보다 길게 뻗어 나가지 못할 것이다.

장영실은 머릿속에서 그려 본 해의 위치와 그림자의 방향과 길이를 정성스레 종이에 그려 보았어요.

장영실은 진시 때의 그림자가 묘시 때보다 짧을 거라고 예측했어요. 장영실은 이러한 예측이 틀리지 않을 거라고 보았어요. 묘시 때도 정확히 들어맞았으니까요. 하지만 그렇더라도 100퍼센트 확신한다고 자신할 수는 없어요. 머릿속 상상과 실제는 얼마든지 다를 수가 있거든요. 그래서 이론을 검증하는 실험이라는 게 있는 것이지요.

장영실의 눈은 지평일구의 그림자를 따라가고 있어요. 그림자는 묘시를 지나 진시의 시각 구역으로 들어갔어요. 그림자가 점점 뻗어 나가고 있어요. 하지만 묘시 때보다 길어지진 않았어요. 장영실의 예측은 맞았어요.

그림자의 길이가 짧아졌어요

진시 다음은 사시예요. 오전 9시에서 11시까지이지요. 사시일 때, 해의 위치와 그림자의 방향과 길이는 어떻게 변할까요?

장영실이 생각해요.

진시에서 두 시간이 흘렀다.
시간이 흐른 만큼 해는 진시 때보다 높을 것이다.
해가 막대기를 비추는 각도도 그만큼 더 커질 것이다.
막대기의 그림자는 진시 때보다
땅바닥으로 덜 드리워지게 되는 것이다.
그리하여 사시 때의 막대기 그림자는
진시 때보다 짧을 것이다.

장영실은 자신이 상상한 사시 때의 해의 위치와 그림자의 방향과 길이를 종이에 정성스럽게 그려 보았어요.
장영실은 사시 때의 그림자가 묘시 때보다 길어져선 안 될 것이라고 예측했어요. 장영실의 예측은 이번에도 맞을까요?
장영실은 지평일구에 드리운 그림자를 살폈어요. 그림자는 진시 때보다 길어지지 않았어요. 장영실의 예측은 이번에도 들어맞았어요.

그림자의 길이가 가장 짧아졌어요

사시 다음은 오시예요. 오전 11시에서 오후 1시까지이지요. 오시일 때, 해의 위치와 그림자의 방향과 길이는 어떻게 달라질까요? 장영실이 생각해요.

사시 다음은 오시이다.
오시는 정오가 있는 시간대이다.
오시가 되면, 해는 가장 높이 떠오른다.
해가 가장 높이 떠 있으니
막대기를 비추는 각도는 가장 클 것이다.
이는 막대기의 그림자가
땅바닥 쪽으로 가장 덜 드리워진다는 뜻이다.
그림자가 가장 곧추선 모양이 되는 것이다.
그리하여 그림자는 하루 중에서
가장 짧을 것이다.

장영실은 머릿속에서 그려 본 오시 때의 해의 위치와 그림자의 방향과 길이를 종이에 표시해 보았어요.

 장영실은 하루 중에서 오시 때에 그림자의 길이가 가장 짧을 거라고 예측했어요. 이런 예측은 옳을까요?

 장영실은 지평일구에 드리운 막대기의 그림자를 응시했어요. 사시를 지나 오시가 되자, 그림자는 사시 때보다 짧아졌어요. 장영실은 이번에도 옳게 예측했어요.

정오와 자정은 이렇게 만들어졌어요

 정오라는 말이 나왔으니, 이에 대해서 살짝 이야기하고 넘어갈게요. 오늘날은 낮 12시를 정오라고 해요. 세종대왕 시대 때에는 어땠을까요? 세종대왕 시대에도 정오는 낮 12시와 관련 있는 시각이었어요.

 그런데 십이지의 시간을 아무리 들여다봐도 정오가 들어 있지 않아요. 이유가 무엇일까요?

 세종대왕 시대에는 십이지의 12시간을 '초'와 '정'으로 나누었어요. 2시간씩인 십이지의 시간을 초와 정을 넣어서 한 시간씩으로 나눈 거예요. 예를 들어, 자시를 자초와 자정으로 나누고, 축시를 축초와 축정으로 나누었어요.

 이렇게 시간을 구분하면 오늘날과 같은 24시간이 만들어져요. 자세히 한번 볼까요?

자초	오후 11시에서 오후 12시(오전 0시)까지	오초	오전 11시에서 오전 12시까지
자정	오전 0시에서 오전 1시까지	오정	오전 12시에서 오후 1시까지
축초	오전 1시에서 오전 2시까지	미초	오후 1시에서 오후 2시까지
축정	오전 2시에서 오전 3시까지	미정	오후 2시에서 오후 3시까지
인초	오전 3시에서 오전 4시까지	신초	오후 3시에서 오후 4시까지
인정	오전 4시에서 오전 5시까지	신정	오후 4시에서 오후 5시까지
묘초	오전 5시에서 오전 6시까지	유초	오후 5시에서 오후 6시까지
묘정	오전 6시에서 오전 7시까지	유정	오후 6시에서 오후 7시까지
진초	오전 7시에서 오전 8시까지	술초	오후 7시에서 오후 8시까지
진정	오전 8시에서 오전 9시까지	술정	오후 8시에서 오후 9시까지
사초	오전 9시에서 오전 10시까지	해초	오후 9시에서 오후 10시까지
사정	오전 10시에서 오전 11시까지	해정	오후 10시에서 오후 11시까지

여기서 보면 자정과 오정이란 시각이 나와요. 자정은 자시를 초와 정으로 나눈 두 번째 시각이고, 오정은 오시를 초와 정으로 나눈 두 번째 시각이에요. 즉 자정은 밤 12시부터 오전 1시까지이고, 오정은 낮 12시부터 오후 1시까지예요.

우리에게 자정은 익숙하지만, 오정은 그렇지 않아요. 그래서 국어사전을 찾아보았어요.

"오정은 정오와 같은 말이다."

오정의 순서를 바꾸어서 정오라고 읽어도 같은 뜻이 되는 거예요. 그래서 자정도 그러한지 국어사전을 찾아보았어요.

"자정과 정자는 같은 말이다."

오, 이런! 자정의 순서를 바꾸어서 정자라고 읽어도 같은 시각을 뜻하는 말이 되는 거예요.

십이지의 시각대로라면, 정오는 오정으로 읽는 게 순리일 거예요. 자정처럼요. 그러나 시간이 흐르면서 무슨 까닭 때문이었는지는 모르겠지만, 사람들은 오정보다 정오라고 발음하는 것을 선호하게 되었어요. 그래서 오늘날에는 낮 12시라고 하면, 정오를 바로 떠올리게 됐어요.

오늘날은 자정이라고 하면 밤 12시, 즉 오전 0시를 뜻해요. 하지만 세종대왕 시대에는 오전 0시부터 오전 1시까지의 1시간을 의미했어요. 마찬가지로, 오늘날은 정오라고 하면 낮 12시를 가리키지만, 세종대왕 시대에는 오전 12시부터 오후 1시까지의 1시간을 의미했어요.

그림자의 방향이 반대가 되었어요

묘시부터 오시까지를 알아보았어요. 오전 동안의 해의 위치와 그림자의 방향과 길이에 대해서 살펴본 거예요. 이제는 오시 이후인 미시부터 해가 질 때까지의 오후 동안을 알아볼 차례예요.

장영실이 생각해요.

해는 오시에 가장 높다.
가장 높이 올랐다는 것은
더 이상 높이 오를 수 없다는 얘기이다.
더 이상 높이 오를 수 없으면 내려가야 한다.
이것이 자연의 이치이고 순리이다.
그렇다. 오시를 지나면서 해는 기울기 시작한다.
해가 오후 1시에서 오후 3시까지의 미시로 들어간다.
오시를 기준으로 놓고 보면, 미시와 사시는
거울을 두고 마주 보고 있는 모양새다.
이런 모양새를 대칭이라고 한다.

미시와 사시는 대칭에 가까운 모양새인 것이다.
대칭이 되면, 모양은 같지만 방향은 반대가 된다.
이를 미시와 사시의 그림자에 적용하면
모양은 비슷하지만, 방향은 반대가 되어야 한다.

장영실은 미시 때의 상황을 그려 보기 위해 대칭의 성질을 십분 이용했어요. 장영실이 해의 위치와 그림자의 방향과 길이를 종이에 표시했어요.

장영실은 미시와 사시 때의 그림자는 모양새가 비슷하고, 지평일구 반대쪽에 서로 드리워질 것이라고 예측했어요. 장영실의 이러한 예측은 옳을까요?

장영실이 지평일구를 응시하고 있어요. 그림자는 사시 때와 비슷한 모양으로 반대쪽에 드리워졌어요. 그림자가 뻗어 나간 끝에는 미시라고 적혀 있었고요. 장영실의 예측이 들어맞은 거예요.

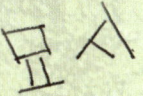

그림자가 대칭을 이루었어요

미시 다음은 신시예요. 오후 3시에서 5시까지이지요. 신시일 때 해의 위치와 그림자의 방향과 길이는 어떻게 달라질까요?

장영실의 머릿속으로 들어가 봐요.

오시를 기준으로 놓고 보면, 신시와 진시는 대칭에 가깝다.
따라서 신시와 진시 때에 생긴 그림자는
비슷한 모양과 길이로, 서로 반대쪽에 드리워져야 한다.

장영실은 머릿속에서 그려 본 신시 때의 상황, 즉 해의 위치와 그림자의 방향과 길이를 종이에 나타내 보았어요.

장영실의 예측은 옳을까요?

장영실이 지평일구를 바라보고 있어요. 신시 때의 그림자는 진시 때와 엇비슷했고, 반대쪽에 드리워졌어요. 그림자가 뻗어 나간 끝에는 신시라고 적혀 있었고요. 장영실의 예측은 이번에도 보란 듯이 들어맞았어요.

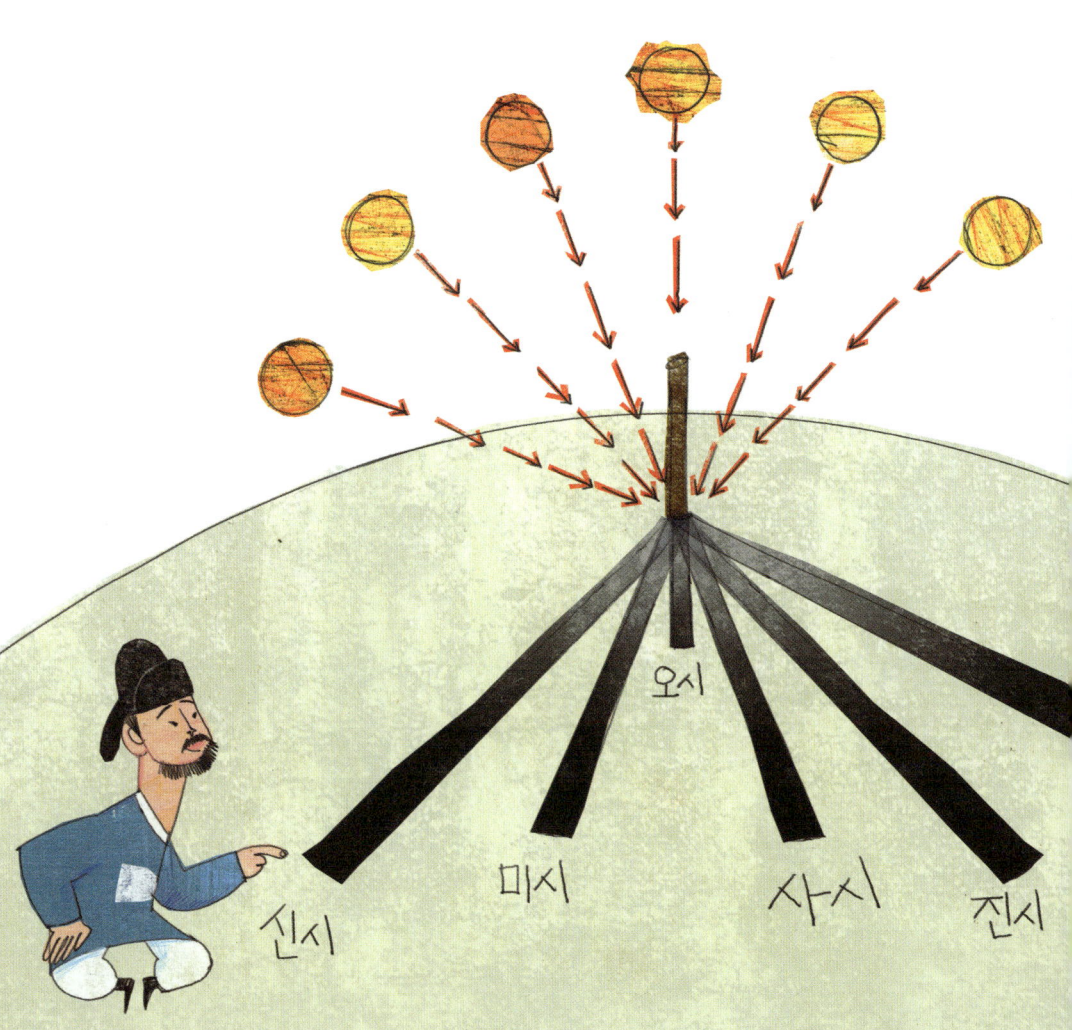

해시계의 원리를 깨달았어요

사시 다음은 유시예요. 오후 5시에서 7시까지이지요. 유시일 때 해의 위치와 그림자의 방향과 길이는 어떨까요?

장영실이 생각해요.

오시를 기준으로 놓고 보면, 유시와 묘시는 대칭에 가깝다.
따라서 유시와 묘시의 두 그림자는 엇비슷한 길이로
서로 반대쪽에 드리워져야 한다.

해는 주로 오후 5시에서 오후 7시 사이에 져요. 조선 시대의 유시는 해 지는 시각, 즉 일몰 시각을 뜻한다고 볼 수 있는 거예요.

장영실은 머릿속에서 떠올린 유시 때의 해의 위치와 그림자의 방향과 길이를 종이에 정성스럽게 그려 보았어요.

장영실은 유시의 그림자는 묘시와 비슷하고, 서로 반대쪽에 드리워질 것이라고 보았어요. 장영실의 예측은 옳을까요?

장영실이 긴장된 표정으로 지평일구를 바라보고 있어요. 그림자는 묘시 때와 어슷비슷한 모양으로 묘시 쪽에 생겼어요. 그림자 끝에는 유시라고 적혀 있어요. 장영실의 예측은 맞았어요.

  유시 이후의 시각인 술시와 해시, 그리고 자시와 축시와 인시는 해가 사라진 시간이에요. 해가 보이지 않으니, 이 시간 동안 해시계는 무용지물이에요. 그래서 장영실은 해가 진 이후의 시간은 해시계에 표시하지 않았어요.

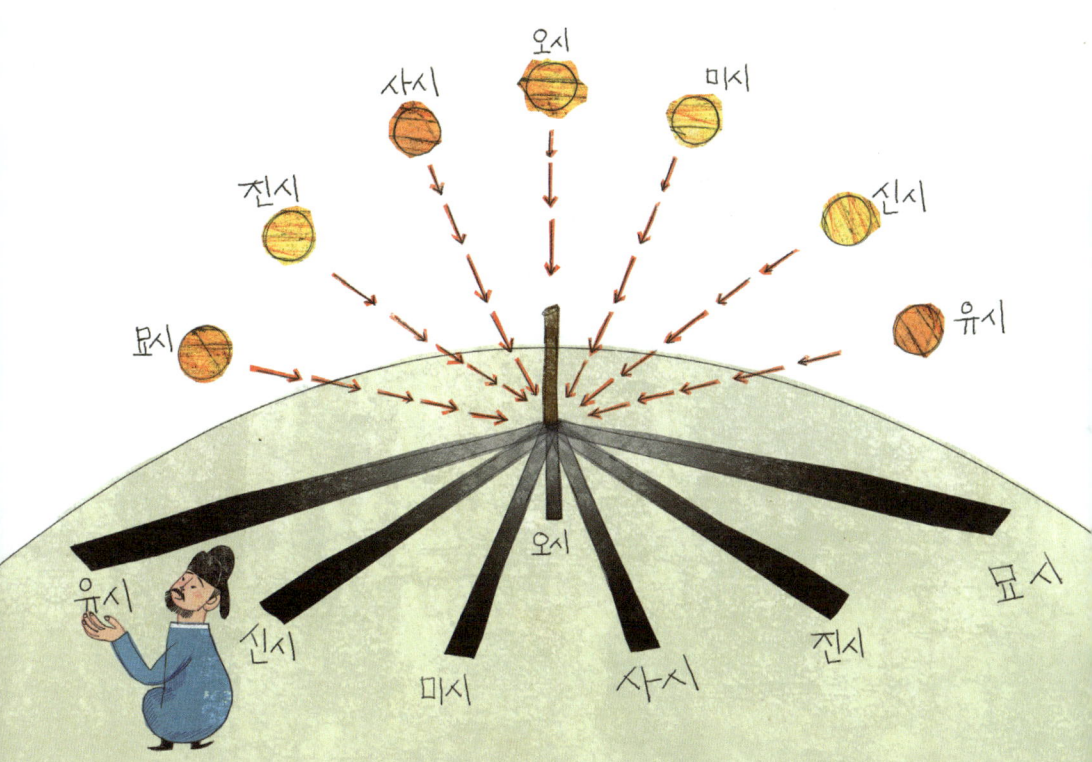

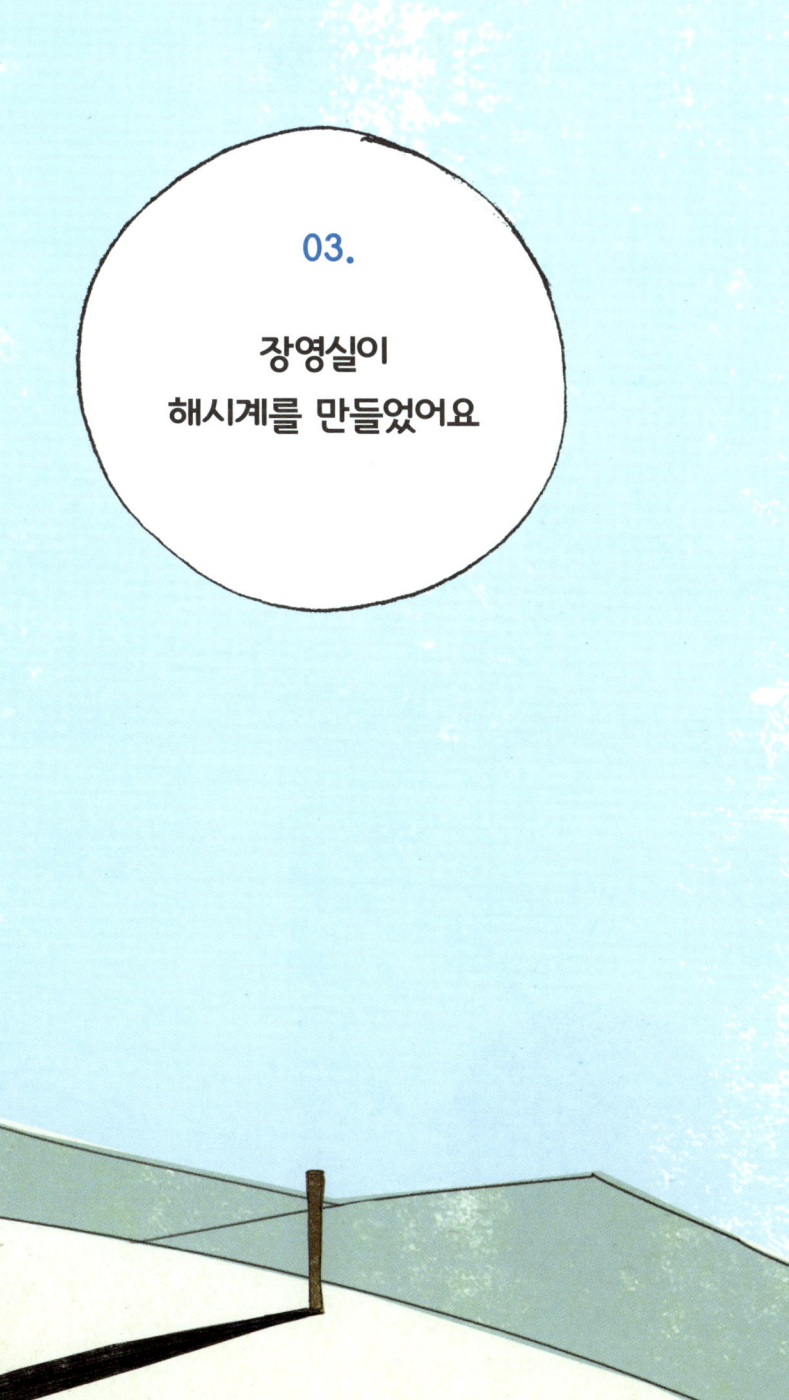

1년은 24절기로 이루어져 있어요

세종대왕은 시각과 절기를 함께 알 수 있는 해시계를 만들라고 했어요. 장영실은 이 중에서 시각을 우선 산뜻하게 해결했어요.

이제는 해시계에 절기를 담아 내는 문제를 고민할 차례예요. 장영실은 이를 어떻게 해결했을까요?

장영실의 생각을 따라가 봐요.

일 년은 365일이다.
이를 보름인 15일로 나누면, 24가량이 된다.
이 24를 절기에 적용해서 24절기를 만들었다.
그래서 절기는 대략 15일마다 있게 된다.

그래요, 절기는 정확히 15일이 아니라, 대략 15일마다 이어져요. 이것은 365를 15로 나누었을 때, 딱 떨어지지 않고 나머지가 생기기 때문이에요. 365를

1년은 입춘, 경칩, 하지, 동지 등 24절기로 나뉘어요.

15로 나누면 24.333이 나와요. 소수점 아래의 0.333, 바로 이것 때문에 절기가 15일마다 이어지지 못하는 거예요. 어느 절기는 15일마다 이어지고, 또 어느 절기는 16일마다 이어지죠. 만약 절기가 15일마다 이어졌다면, 365일이 아니라 360일 만에 24절기가 끝나버릴 거예요.

  24절기의 대력적인 날짜는 다음과 같아요.

24절기

소한(小寒)	양력 1월 5일경	소서(小暑)	양력 7월 7일경
대한(大寒)	양력 1월 20일경	대서(大暑)	양력 7월 23일경
입춘(立春)	양력 2월 4일경	입추(立秋)	양력 8월 7일경
우수(雨水)	양력 2월 19일경	처서(處暑)	양력 8월 23일경
경칩(驚蟄)	양력 3월 6일경	백로(白露)	양력 9월 8일경
춘분(春分)	양력 3월 21일경	추분(秋分)	양력 9월 23일경
청명(淸明)	양력 4월 6일경	한로(寒露)	양력 10월 8일경
곡우(穀雨)	양력 4월 20일경	상강(霜降)	양력 10월 23일경
입하(立夏)	양력 5월 5일경	입동(立冬)	양력 11월 7일경
소만(小滿)	양력 5월 21일경	소설(小雪)	양력 11월 22일경
망종(芒種)	양력 6월 6일경	대설(大雪)	양력 12월 7일경
하지(夏至)	양력 6월 21일경	동지(冬至)	양력 12월 22일경

하지는 낮이 길고 동지는 낮이 짧아요

장영실은 24절기 중에서 하지를 먼저 떠올려요. 왜 그랬을까요?
장영실의 머릿속으로 들어가 봐요.

24절기 중에서 낮이 가장 긴 절기는
6월 21일경의 **하지**이다.
이때 해는 가장 높이 뜬다.
해가 가장 높이 뜨면, 그림자는 가장 짧다.
이것은 묘시, 진시, 사시, 오시, 미시, 신시, 유시 때
드리워지는 그림자를 통해서 이미 확인했다.
따라서 24절기 중에서 하지 때
그림자는 가장 짧을 것이다.

그래요, 24절기 중에서 그림자의 길이가 가장 짧은 때는 해가 가장 높이 뜨는 하지예요. 장영실은 일출 시간인 묘시와 일몰 시간인 유시를 종이에 표시했어요. 그러고 나서 막대기의 그림자가 그 시간 동안에 움직인 자취를 그렸어요.

묘시

장영실이 생각해요.

24절기 중에서 낮이 가장 짧은 절기는
12월 22일경의 **동지**이다.
이때 해는 가장 낮게 뜬다.
해가 가장 낮게 뜨면, 그림자는 가장 길다.

이것은 시각과 그림자의 관계를 통해서 이미 수차례 확인했다. 따라서 동지 때에 그림자는 가장 길 것이다.

그래요. 24절기 가운데서 그림자의 길이가 가장 긴 절기는 해가 가장 낮게 뜨는 동지예요. 장영실은 막대기의 그림자가 묘시에서 유시까지 그 시간 동안 움직인 자취를 종이에 표시했어요.

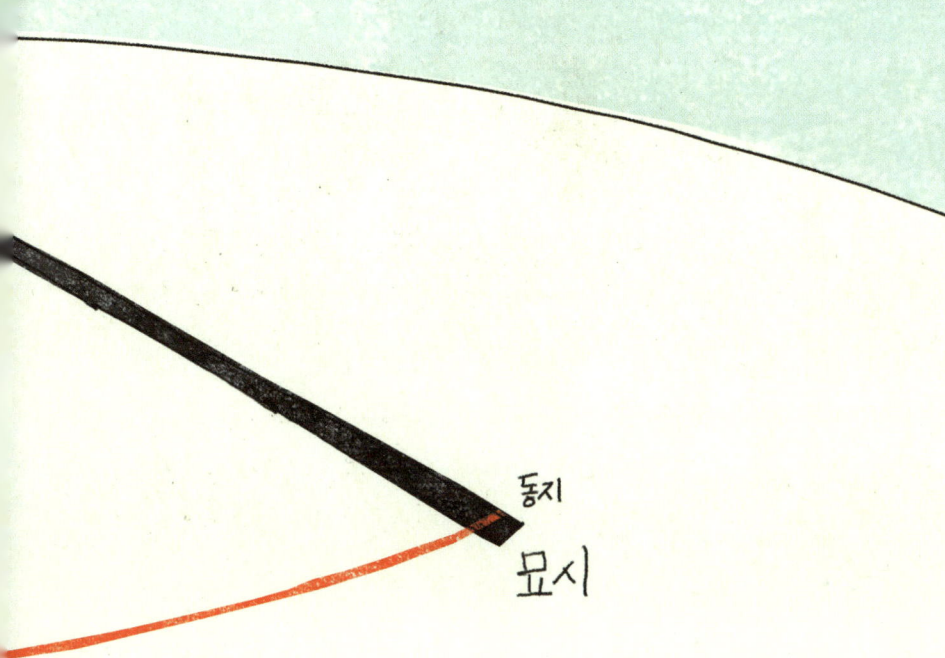

장영실은 하지와 동지 때의 그림자가 지나간 길을 자신이 제대로 상상했는지 직접 확인해 보기로 했어요. 두 눈으로 똑똑히 확인하지 않는 한, 자신의 생각이 100퍼센트 옳다고 단정 지을 수는 없기 때문이에요. 99퍼센트 옳을 것 같다고 해도, 실험으로 반드시 확인하는 것이 중요해요. 그랬을 때 지식은 더욱 탄탄해지고, 이를 발판 삼아 멋진 발견과 발명을 할 수가 있거든요.
　장영실은 하지 때와 동지 때의 그림자의 길이와 방향을 관찰했어요. 결과는 장영실의 생각이 틀리지 않다고 알려 주었어요.

하지 때보다 그림자가 더 길어져요

절기에는 하지와 동지만 있는 것이 아니에요. 하지와 동지 외에도 22개의 절기가 더 있어요. 절기까지 구분할 수 있는 해시계를 제작하려면, 22개 절기 때의 그림자에 대해서도 알아야 해요.

장영실이 생각해요.

해는 하지 때에 가장 높고,
동지 때에 가장 낮다.
그 결과로 그림자는 하지 때에 가장 짧고
동지 때에 가장 길다.
이는 하지에서 동지로 갈수록
그림자가 점점 길어진다는 얘기이다.
하지 다음의 절기는 **소서**이다.
따라서 소서 때의 그림자는 하지 때보다 길 것이다.

장영실은 소서 때의 그림자가 지나간 길을 하지 때와 비교해서 종이에 표시했어요.

장영실은 소서 때의 그림자가 하지 때보다 정말 긴지 직접 확인했어요. 예측은 틀리지 않았어요.

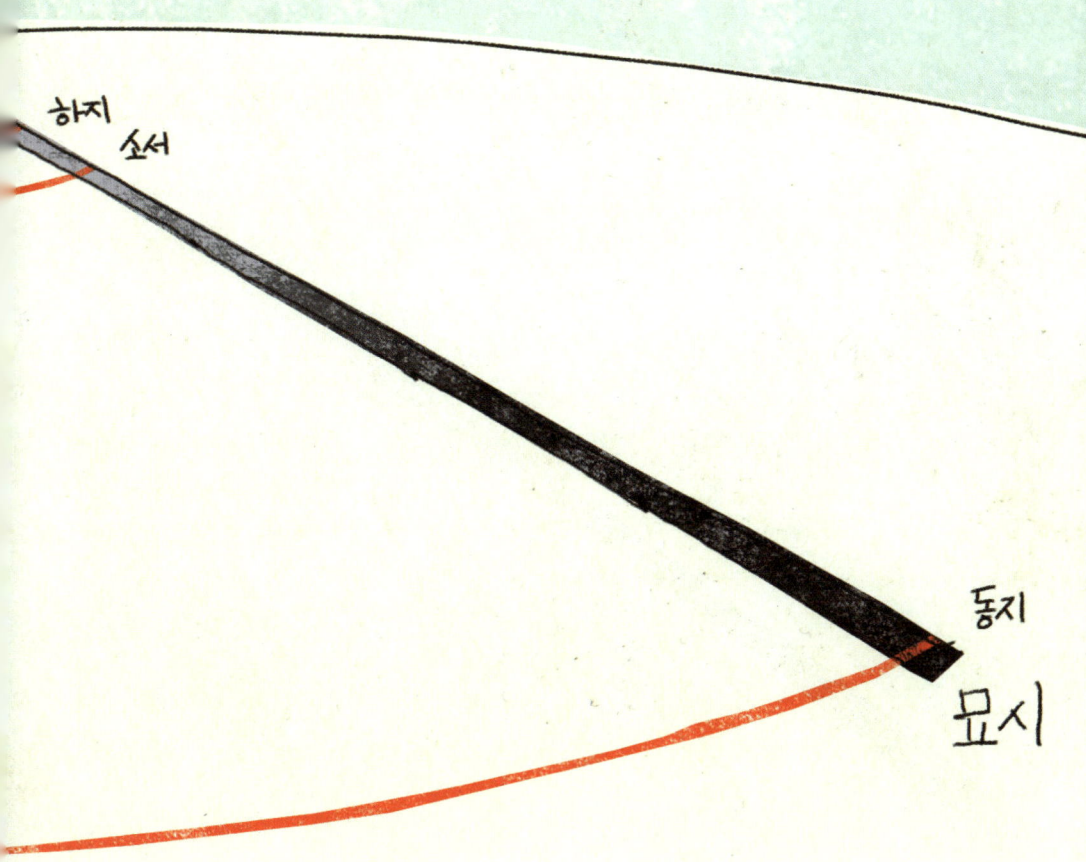

그림자가 점점 더 길어져요

하지와 소서 다음의 절기는 대서예요. 대서 때의 그림자와 그 이후 절기의 그림자는 또 어떻게 될까요?

그림자 지나가는 길

유시

장영실이 생각해요.

소서 다음의 절기는 **대서**이다.
대서는 소서보다 해가 낮다.
따라서 대서 때의 그림자는 소서 때보다 길 것이다.
대서 다음의 절기는 **입추**이다.
입추는 대서보다 해가 낮다.

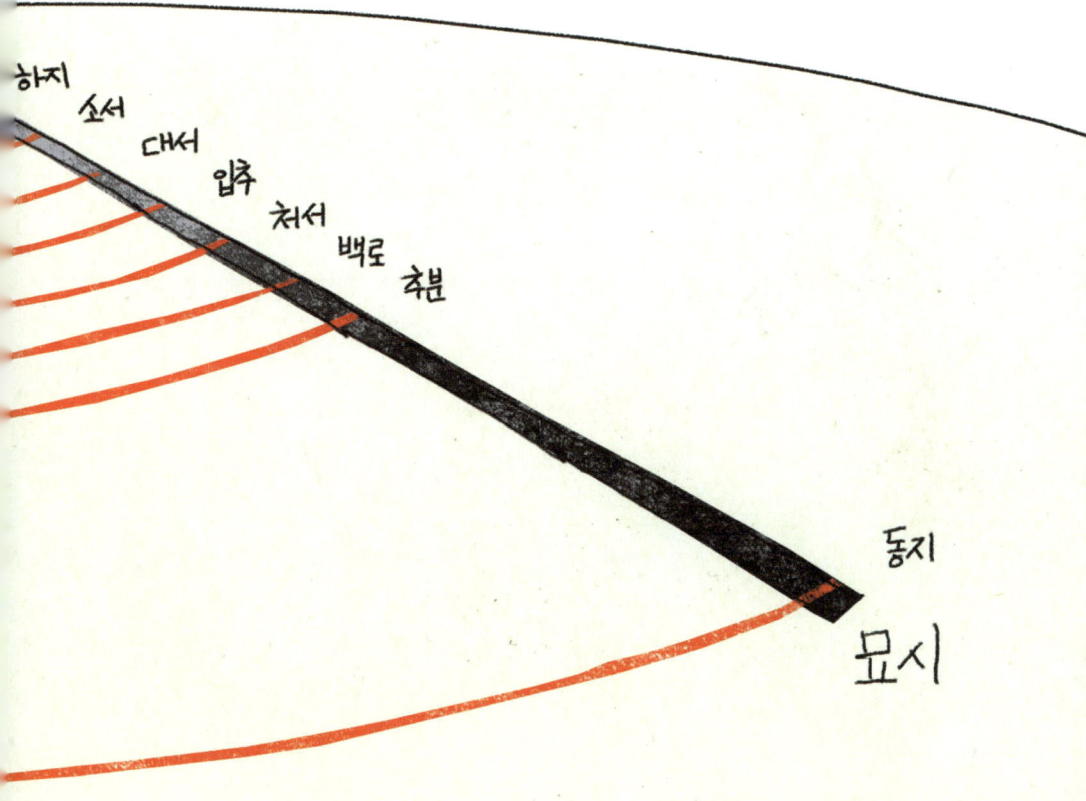

따라서 입추 때의 그림자는 대서 때보다 길 것이다.

입추 다음의 절기는 **처서**이다.

처서는 입추보다 해가 낮다.

따라서 처서 때의 그림자는 입추 때보다 길 것이다.

처서 다음의 절기는 **백로**이다.

백로는 처서보다 해가 낮다.

따라서 백로 때의 그림자는 처서 때보다 길 것이다.

백로 다음의 절기는 **추분**이다.

추분은 백로보다 해가 낮다.

따라서 추분 때의 그림자는 백로 때보다 길 것이다.

추분은 하지에서 동지로 가는 중간에 자리하는 절기예요. 양력으로 9월 23일경이지요. 장영실은 대서에서 추분까지의 그림자가 지나간 길을 어긋나지 않도록 하나하나 정성스럽게 그려 넣었어요.

장영실은 그림자의 자취가 정말 자신이 생각한 순서대로인지 각각의 절기에 직접 확인했어요. 예측은 그대로 들어맞았어요.

장영실이 해시계에 12절기를 표시했어요

추분까지의 그림자 변화를 살펴보았어요. 추분 이후의 그림자는 어떻게 달라질까요?

장영실이 생각해요.

추분 다음의 절기는 **한로**이다.
한로는 추분보다 해가 낮다.
따라서 한로 때의 그림자는 추분 때보다 길어질 것이다.
한로 다음의 절기는 **상강**이다.
상강은 한로보다 해가 낮다.
따라서 상강 때의 그림자는 한로 때보다 길어질 것이다.
상강 다음의 절기는 **입동**이다.
입동은 상강보다 해가 낮다.
따라서 입동 때의 그림자는 상강 때보다 길어질 것이다.
입동 다음의 절기는 **소설**이다.
소설은 입동보다 해가 낮다.

따라서 소설 때의 그림자는 입동 때보다 길어질 것이다.

소설 다음의 절기는 **대설**이다.

대설은 소설보다 해가 낮다.

따라서 대설 때의 그림자는 소설 때보다 길어질 것이다.

대설 다음의 절기는 **동지**이다.

동지는 대설보다 해가 낮다.

따라서 동지 때의 그림자는 대설 때보다 길어질 것이다.

장영실은 한로, 상강, 입동, 소설, 대설 그리고 동지 때의 그림자가 지나간 길을 종이에 정성스레 그려 넣었어요.

장영실은 자신이 생각한 그림자의 자취가 정말 이 순서대로인지 각각의 절기에 확인해 보았어요. 예측은 정확했어요.

장영실은 이렇게 해서 하지에서 동지까지의 절기를 해시계에 표시하는 데 성공했어요.

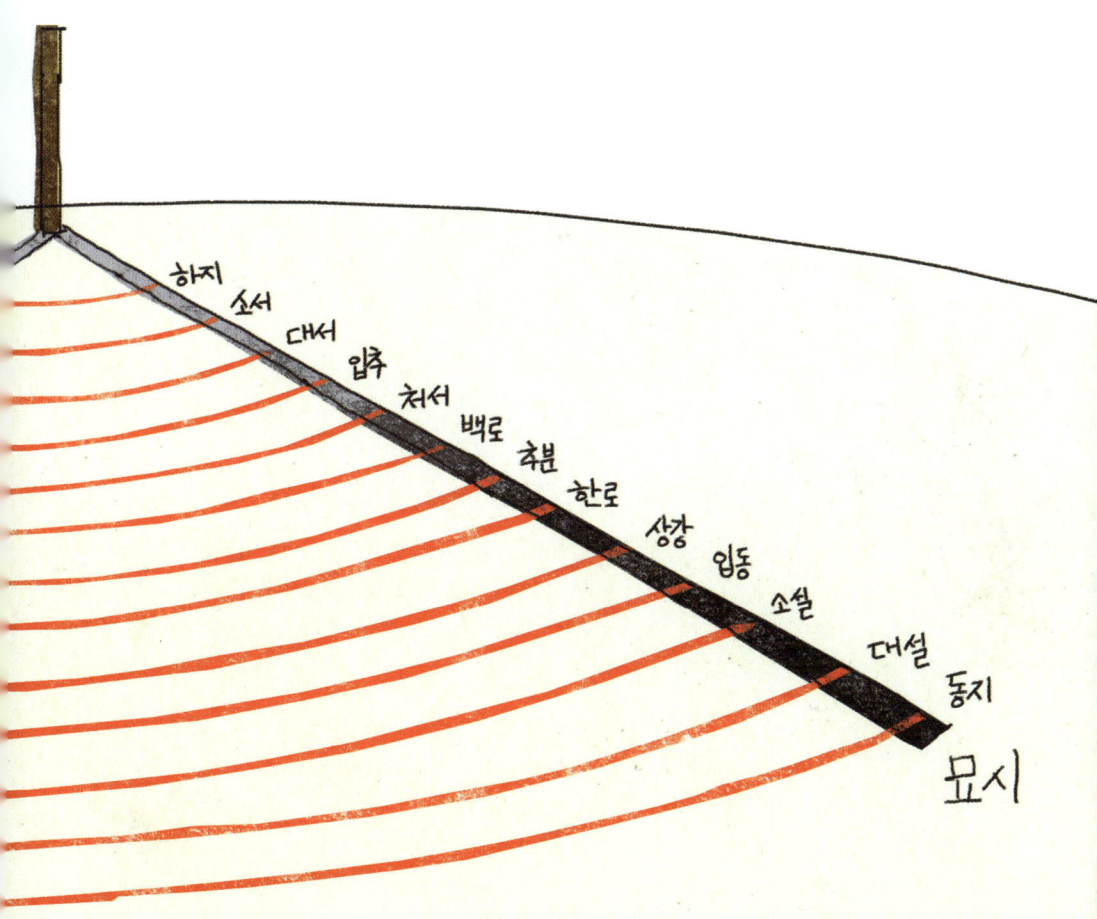

장영실이 해시계에 24절기를 표시했어요

하지에서 동지까지는 24절기의 절반이에요. 이제는 동지에서 하지까지를 해시계에 담아야 해요. 장영실은 이를 어떻게 해 냈을까요?

장영실이 하지에서 동지까지의 절기를 종이에 또박또박 적었어요. 그리고 그 옆에 동지에서 하지까지의 절기를 또박또박 적었어요. 장영실은 이렇게 적은 절기를 한참을 뚫어져라 바라보고는 골똘히 생각에 잠겼어요.

장영실은 무슨 생각을 하고 있는 걸까요?

하지에서 동지 사이에는

소서에서 대설까지 11개 절기가 들어 있다.

그리고 동지에서 하지 사이에는

소한에서 망종까지 11개 절기가 들어 있다.

소서에서 대설까지 11개 절기는

15일이나 16일마다 이어지고

소한에서 망종까지 11개 절기도
15일이나 16일마다 이어진다.
소서에서 대설까지와 소한에서 망종까지는
절기의 개수가 11개로 똑같고
날짜 사이의 간격은 15일에서 16일로 엇비슷하다.
그렇다면…….
그렇구나! 소한에서 망종까지는 그림자의 자취를
새롭게 따로 그려 넣을 필요가 없을 것 같구나!

장영실은 해가 저문 술시에서 해가 뜨지 않은 인시까지는 해시계에 표시하지 않았어요. 그럴 필요가 없었으니까요. 그러나 절기는 상황이 달라요. 소서에서 대설까지만 해가 뜨고, 소한에서 망종까지는 해가 뜨지 않는 게 아니거든요. 소서에서 대설까지, 소한에서 망종까지 모두 해시계에 표시해야 완벽한 해시계가 될 수 있었어요. 그런데, 장영실은 소한에서 망종까지는 그림자가 지나간 길을 새롭게 따로 그려 넣을 필요가 없다고 주장했어요. 장영실은 어떤 생각을 하고 있는 걸까요?

절기의 개수도 같고 떨어진 간격도 비슷하다면…….
그래, 대칭을 이용하는 거야!

유시 쪽에 소한에서 망종까지를 적어 넣는 거야!

장영실은 묘시의 맞은편에, 동지에서 하지로 이어지는 절기를 날짜 순서대로 정성스럽게 또박또박 적었어요. 동지, 소한, 대한, 입춘, 우수, 경칩, 춘분, 청명, 곡우, 입하, 소만, 망종, 하지를 말이에요.

이렇게 적어 놓고 보니, 중앙의 막대기를 사이에 두고 왼쪽과 오른쪽이 비슷해요. 이처럼 왼쪽과 오른쪽이 닮은 대칭을 좌우대칭이라고 해요.
　장영실은 좌우대칭인 해시계 속의 절기가 실제와 어울리는지 각각의 절기에 확인해 보았어요. 예측은 틀리지 않았어요.

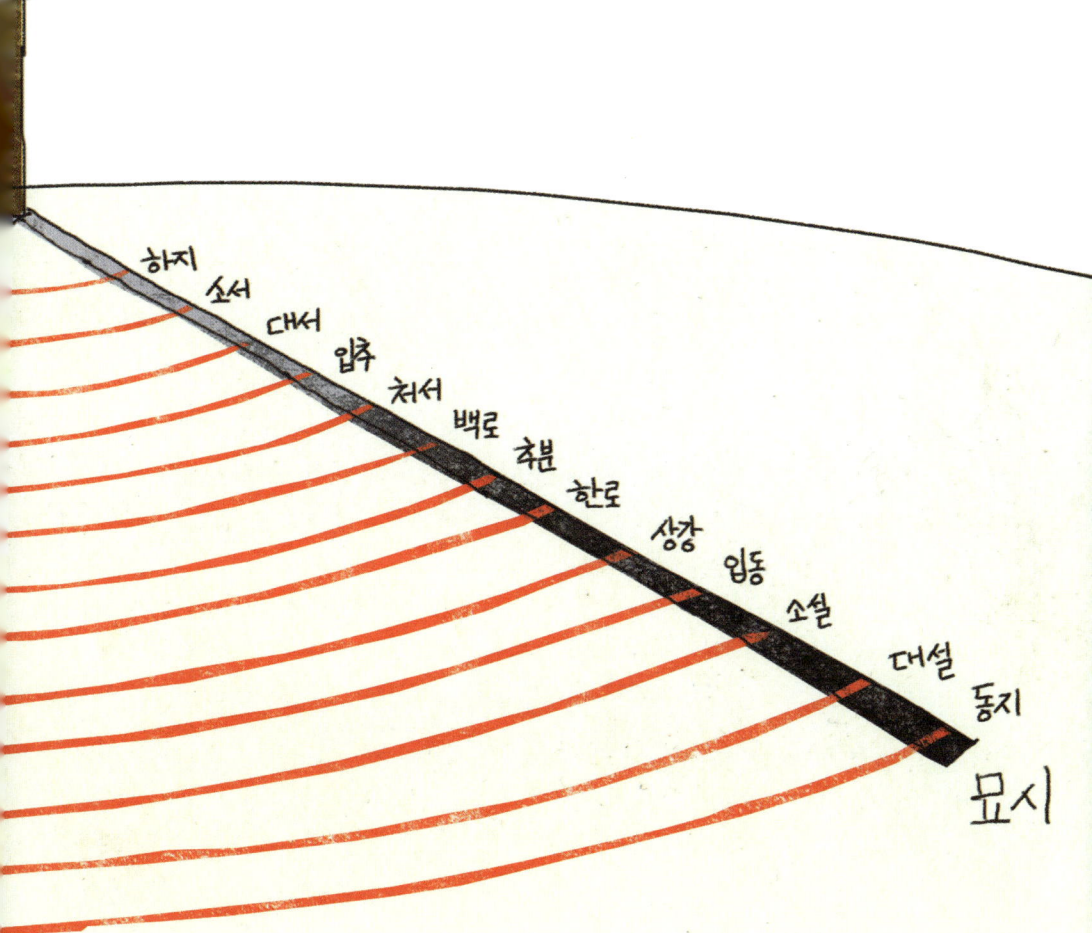

묘시에서 유시까지 막대기의 그림자가 지나간 길, 즉 그림자의 자취는 24절기를 나타내는 절기 선이 되었어요.

이렇게 해서 장영실은 마침내 해시계에 24절기를 담아내는 데 성공했어요.

장영실이 해시계를 완성했어요

24절기가 완성되었어요. 해시계의 발명은 이제 막바지에 이르러 가는데요, 장영실이 해시계를 보며 생각해요.

24절기가 양편에 적힌 해시계에 시각을 합치자.
묘시 옆에는 진시를, 진시 옆에는 사시를,
사시 옆에는 오시를, 오시 너머에는 미시와 신시를
시각 순서대로 차례로 적어 보자.

장영실은 진시, 사시, 오시, 미시, 신시를 해시계에 한 자 한 자 힘주어 또박또박 적었어요. 장영실이 생각을 이어가요.

막대기가 꽂힌 중앙에서 각 시각까지 줄을 긋는다.
그러면 시각을 알 수 있는 시각 선이 만들어진다.

장영실은 자신이 생각한 대로 선을 그었어요. 시각 선은 하지에서 동지까지의 절기 선을 지나갔어요.

　이렇게 해서 해가 떠 있는 동안의 시각과 24절기를 동시에 알 수 있는 해시계가 완성되었어요.

　이제 해시계의 모양을 구체적으로 다듬는 일만 남았어요.

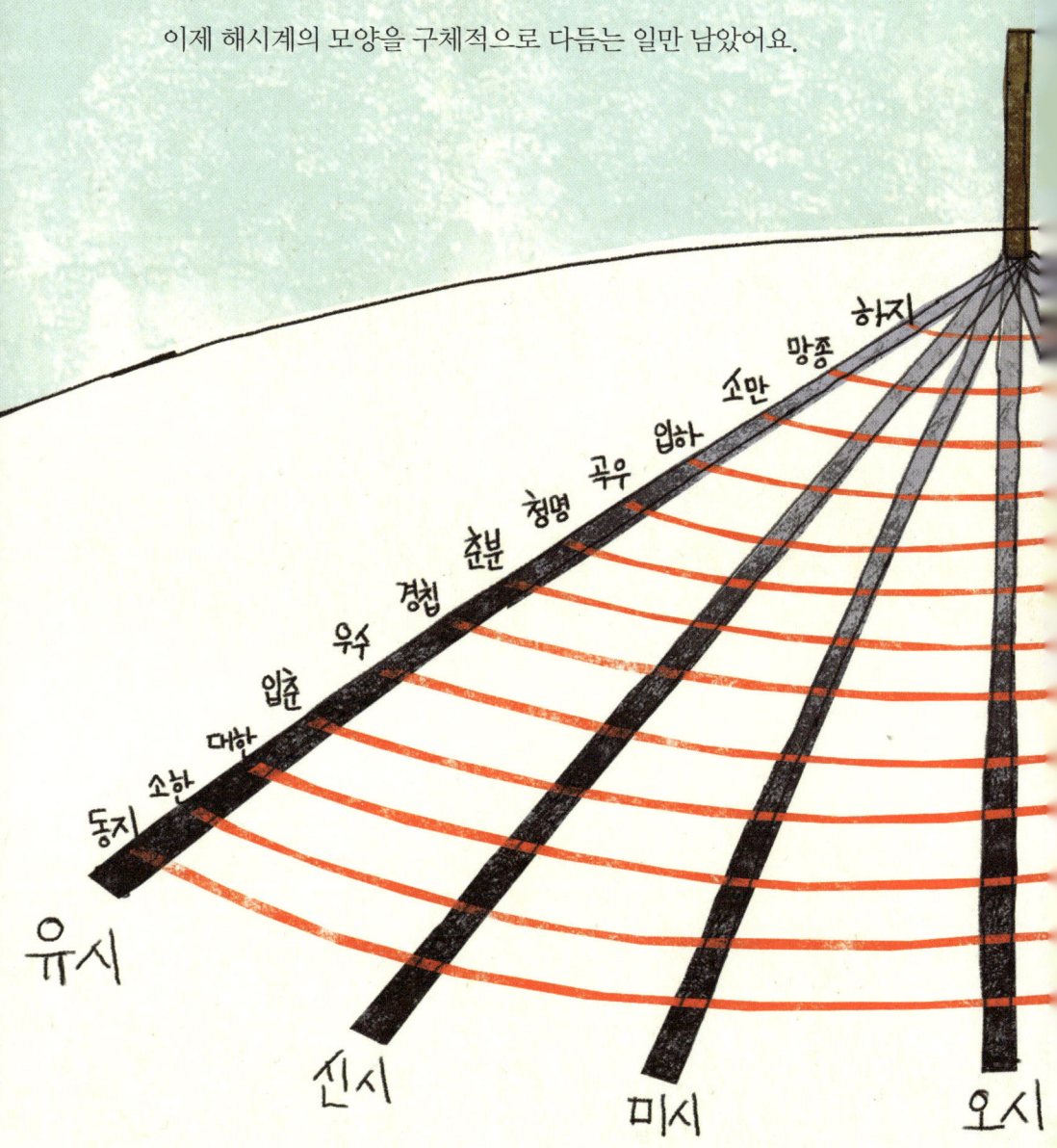

장영실의 해시계를 사용해 봐요

 해시계의 모양을 다루기에 앞서, 해시계를 보는 법을 잠깐 얘기하고 넘어갈게요.
 아무리 좋은 시계라도 사람들이 그 시계를 보고 시간을 읽을 줄 모르면, 그것은 무용지물이나 다름없어요. 해시계도 마찬가지예요. 장영실이 천재적인 창의력으로 발명한 해시계이지만, 우리 후손들이 그것으로 시각과 절기를 읽어 낼 줄 모른다면 참으로 안타까울 거예요. 그때의 장영실의 심정은 또 어떻겠어요.
 자, 장영실의 해시계로 시각과 절기를 아는 방법을 배워 보도록 해요.
 옆 그림에서 막대기의 그림자 끝이 해시계의 노란 부분에 닿았어요. 계절은 하지에서 동지로 가는 시기예요.
 노란 점이 닿아 있는 시각 선과 절기 선은 각각 무엇을 가리키나요? 그래요, 진시와 소설이에요. 즉 시각은 진시이고, 절기는 소설이에요. 아주 쉽죠?

이번에는 어린이 여러분이 맞춰 보세요. 다음의 노란 점이 가리키는 시각과 절기는 어떻게 되나요? 계절은 동지에서 하지로 가는 시기예요.

노란 점이 닿아 있는 시각 선은 미시이고, 절기 선은 곡우예요. 따라서 이때의 시각과 절기는 미시와 곡우예요.

다음은 해시계에 시각과 절기를 표시하는 법을 배워 볼게요. 이것도 어려워할 필요가 전혀 없지요.

　절기는 소한, 시각은 신시예요. 그림자는 어느 곳에 닿을까요?

　절기 선에서 소한을 찾고, 시각 선에서 신시를 찾아요. 그러면 두 선이 만나는 곳이 나와요. 그곳이 그림자가 닿는 곳이에요.

이번에는 어린이 여러분이 해 보세요.

절기는 대서이고, 시각은 사시예요. 그림자는 어느 곳에 닿을까요?

절기 선에서 대서를 찾고, 시각 선에서 사시를 찾아요. 두 선이 만나는 곳이 그림자가 닿는 곳이에요.

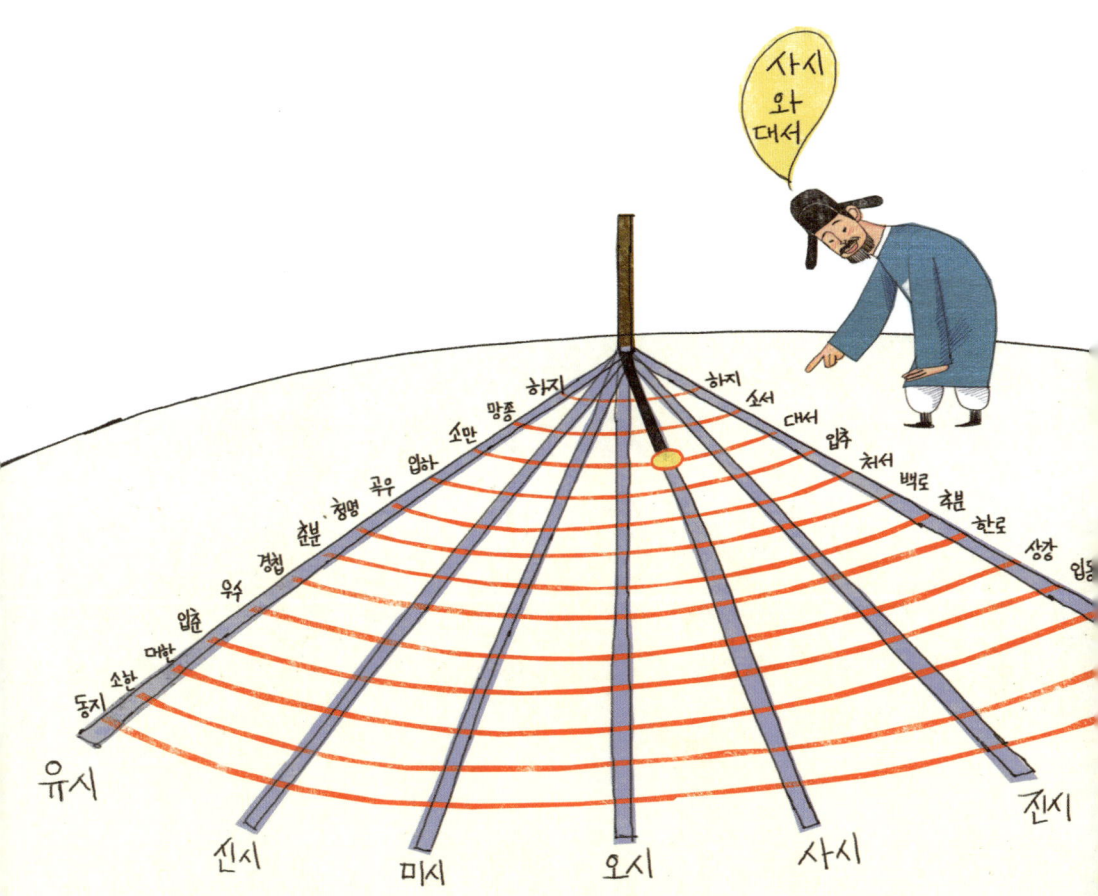

장영실이 해시계의 모양을 완성했어요

해시계의 모양을 구체적으로 정하는 작업을 할 차례예요.

장영실이 세종대왕의 부름을 받고 돌아와 해시계를 상상하면서 떠올린 첫 생각은 이것이었어요.

시각뿐만 아니라 절기까지 표시하려면
해시계의 모양이 지평일구와는 다소 달라져야 할 것 같은데?
어떤 모양이 적합할까?

그 당시에 장영실은 적절한 답을 찾지 못했지만, 이제는 알맞은 답을 찾아 냈어요.

장영실이 해시계에 그려 넣은 절기 선을 유심히 응시하고 있어요.

장영실이 생각해요.

하지는 해가 가장 일찍 뜨고, 가장 늦게 진다.
이는 하지에 해가 가장 오랫동안

하늘에 머물러 있다는 얘기이다.
그렇다면 그림자가 지나간 길인
절기 선도 가장 길게 그려져야 할 것이다.
그런데 내가 그려 넣은 해시계에서는 그렇지가 않다.

그래요, 장영실이 평평한 해시계에 그려 넣은 절기 선 가운데에
하지의 절기 선이 가장 짧아요.
장영실이 생각을 계속해요.

동지는 또 어떤가?
동지는 해가 가장 늦게 뜨고, 가장 일찍 진다.
이는 동지에 해가 가장 짧은 시간 동안
하늘에 떠 있다는 얘기이다.
그렇다면 그림자의 자취인
절기 선은 가장 짧게
그려져야 할 것이다.

유시

그런데 내가 그려 넣은 해시계에서는 그렇지가 않다.

그래요, 장영실이 평평한 해시계에 표시한 절기 선 중에서 동지의 절기 선이 가장 길어요.

평평한 해시계에 가장 짧게 그려 넣은
하지의 절기 선은 길어져야 한다.
그리고 가장 길게 그려 넣은
동지의 절기 선은 짧아져야 한다.
이런 식으로 절기 선을 바로 잡을 수 있는
알맞은 방법은 무엇일까?

장영실이 생각을 이어가요.

그래, 해시계를 가마솥 모양으로 만드는 거야!

그래요, 장영실이 생각해 낸 모양은 가마솥 모양이었어요.
 공 같이 둥근 모양을 한자로 공 구(球)자를 써서, 구형(球形)이라고 해요. 구형을 반으로 자르면 반구형(半球形)이 돼요. 반구형은 바로 가마솥 모양과 비슷해요. 요즘 같으면 장영실은 이렇게 외쳤을 거예요.

그래, 해시계를 반구형으로 제작하는 거야!

가마솥을 닮은 모양을 한자로 앙부(仰釜)라고 해요. 일구는 '해시계'이니, 이 둘을 합치면, 가마솥을 닮은 해시계는 '앙부일구'가 돼요.

장영실이 앙부일구에 절기 선을 그려 넣었어요. 하지와 동지 선, 그리고 그 외의 절기 선들도 알맞은 길이가 됐어요.

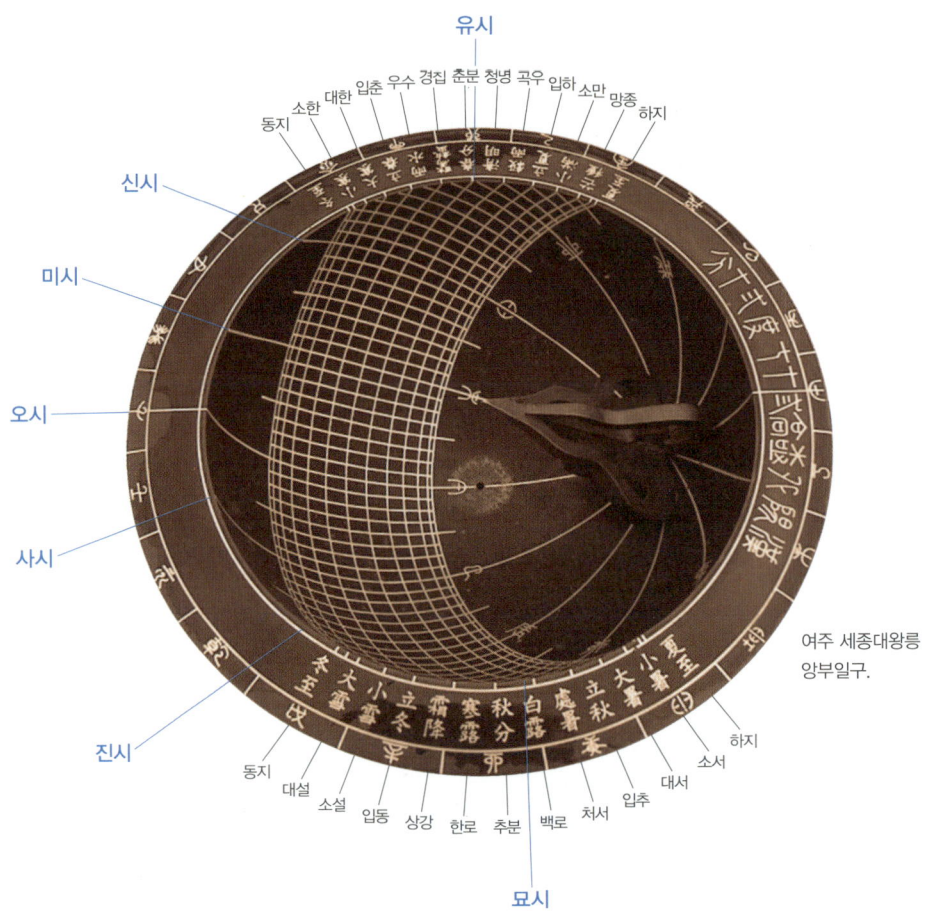

여주 세종대왕릉 앙부일구.

장영실은 햇살을 받아 그림자를 드리우는 막대기를 영침이라고 불렀어요. 영침(影針)은 그림자 바늘이라는 뜻이에요.

이렇게 해서 새로운 해시계인 앙부일구가 탄생하게 됐어요. 반구형 해시계인 앙부일구를 우리말로는 오목 해시계라고 불러요.

장영실의 가슴에선 환희에 찬 목소리가 터져 나오고 있어요.

'폐하, 제가 드디어 전하의 뜻을 이루어 내었사옵니다!'

그랬어요. 장영실은 세종대왕이 원했던, 백성들에게 도움을 줄 수 있는 해시계를 발명해 내는 데 성공한 거예요.

세종대왕은 장영실이 해시계를 발명했다는 소식에 기쁨을 감추지 못했어요. 세종대왕은 장영실에게 상을 내렸고, 이렇게 말했어요.

"해시계를 두 개 제작해서 하나는 종묘 앞에 설치하고, 다른 하나는 혜정교(요즘의 광화문 우체국 동쪽에 있던 다리) 앞에 설치하라. 그리고 글을 읽지 못하는 백성들도 시계를 볼 수 있도록, 묘시(토끼)와 진시(용)와 사시(뱀)와 오시(말)와 미시(양)와 신시(원숭이)와 유시(닭) 옆에 십이지를 뜻하는 동물을 그려 넣도록 하라."

세종대왕의 백성을 생각하는 따뜻한 마음은 해시계를 통해서도 이렇게 전해졌어요. 이때가 1434년이었어요.

그림으로 보는 해시계

국립고궁박물관 소장 앙부일구.
(보물 제 845호)

장영실이 만든 해시계 앙부일구는 시반, 영침, 받침대로 이루어져 있어요. 영침은 시반에 비스듬하게 꽂혀 있으며, 북극성을 향하고 있답니다. 받침대는 균형을 잘 맞추기 위해 네 개의 발과 십자 모양의 지지대로 이루어져 있어요.

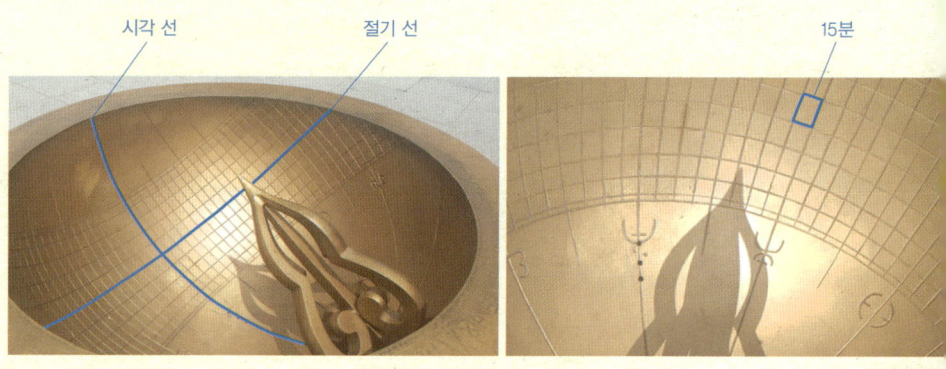

자, 이제 시반을 자세히 볼까요?
시반에는 가로 줄과 세로 줄이 그어져 있어요.
가로 줄은 절기 선이고,
세로 줄은 시각 선이에요.
절기 선은 13개가 있고, 시각 선은 7개가 있어요.
시각 선은 4등분되어 있는데,
이는 1시간을 4등분한 셈이니,
각 눈금은 15분의 간격을 나타낸답니다.

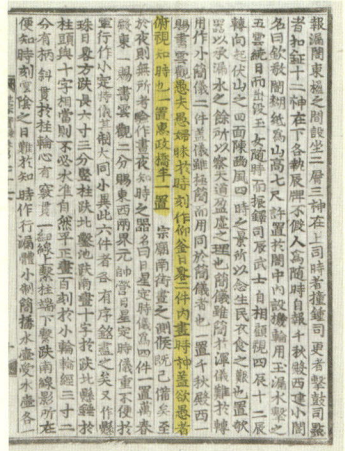

세종대왕 시대 때 만든 앙부일구엔 동물이 그려져 있었어요. 세종대왕이 글자를 모르는 백성들을 위해 그 시간에 해당하는 동물을 앙부일구에 그려 넣으라고 했기 때문이에요. 이는 세종실록 77권 세종 19년 기록에 잘 나와 있어요.

"무지한 남녀들이 시각에 어두우므로 앙부일구 둘을 만들고 안에는 시신(時神)을 그렸으니, 대저 무지한 자로 하여금 보고 시각을 알게 하고자 함이다. 하나는 혜정교 가에 놓고, 하나는 종묘 남쪽 거리에 놓았다."

그러면 동물이 그려진 앙부일구는 어떤 모습일까요? 안타깝게도 세종대왕 시대 때 만든 앙부일구는 임진왜란을 거치면서 사라졌어요. 다만, 해시계가 놓였던 대석(돌)은 종묘 앞에 아직도 남아 있어요.

종묘 앞에 놓인 앙부일구의 대석.
어린이들은 계단을 올라가서 시각을 확인할 수 있었어요.

한 때 종묘 앞 광장에 놓여 있었던
앙부일구(복원품).
©Wikipedia

해시계만으로는 부족했어요

물시계는 물이 한 방울 한 방울 떨어지는 것으로 시간을 재는 시계예요. 요즘 시대의 눈으로 보면, 참 원시적인 시계라고 할 수 있어요.

오늘날은 물시계를 거의 사용하지 않아요. 그러나 세종대왕 시대에는 달랐어요. 매우 소중하게 여겼어요.

왜일까요?

세종대왕 시대에는 시계라고 하면, 해시계와 물시계가 전부라고 해도 과언이 아니었어요. 그것도 몇 개 되지 않았지요. 그러니 소중할 수밖에요.

세종대왕 시대에는 어떤 물시계를 사용했을까요?

세종대왕이 왕궁 뜰을 거닐다가 해시계 앞에서 걸음을 멈추었어요. 세종대왕이 해시계를 바라보며 생각에 잠겼어요.

세종대왕은 무슨 생각을 하고 있을까요?

해시계는 참으로 고마운 시계다.
해가 나타나면 언제든지 시각을 알려 주니 말이다.
하지만 이것이 해시계의 단점이기도 하다.
해가 보이지 않으면 시각을 알 수 없으니 말이다.

그래요. 해시계는 햇살의 그림자로 시각을 아는 시계예요. 따라서 해가 보이지 않으면 그림자가 생기지 않아서 사용할 수가 없어요.

해시계의 단점 : 해가 나타나지 않으면 시간을 알 수 없다.

해가 져도 시간을 알고 싶었어요

해시계는 만능 시계가 아니에요. 단점을 지니고 있는 시계예요. 사람이건 기계이건 단점이 있으면 고쳐야 해요. 그래야 발전이 있을 테니까요.

세종대왕이 생각해요.

해가 보이지 않으면 시간이 안 가는 걸까?
해가 보이지 않을 때는 크게 둘로 나뉜다.
해가 져서 밤이 될 때와
낮인데도 날씨가 흐리거나 비와 눈이 내릴 때이다.
해가 질 때부터 따져 보자.
해가 지면 시간이 안 갈까?
아니다. 그렇지 않다.
해가 졌을 때 시간이 가지 않는다면, 낮은 오지 않아야 한다.
그러나 그런 일은 일어나지 않는다.
밤이 지나 새벽이 오고, 아침이 되고
낮이 찾아오지 않은 적은 단 한 번도 없었다.

세종대왕이 고개를 들어 하늘을 올려다보았어요. 조금 전까지만 해도 푸르렀던 하늘에 먹구름이 드리워지기 시작했어요.
세종대왕이 생각을 이어가요.

>낮인데도 날씨가 흐리거나 비와 눈이 올 때는 어떤가?
>시간이 안 간다면 밤이 찾아와선 안 된다.
>그러나 그런 적은 이제껏 없었다.
>시간은 어느 때, 어느 곳, 어느 상황에서도
>늘 미래로 흐르고 있다.
>해가 보이지 않을 때에도
>시간을 알아야 할 필요가 있다.

그래요, 우리의 선조들은 해가 뜨지 않을 때에도 시간을 알고자 했어요. 이런 간절함에서 탄생한 시계가 물시계예요.

물로 시간을 잴 수 있어요

물시계의 역사는 해시계만큼이나 오래됐어요. 중국과 고대 이집트에서는 기원전부터 이용했지요.

우리나라에서는 삼국 시대부터 물시계를 사용했어요. 그때 사용한 물시계를 누각이라고 해요. 누각은 고려 시대에도 사용했고, 조선 시대의 세종대왕 때에도 사용했어요. 조선을 세운 태조 왕(이성계) 때에는 경루라고 하는 물시계가 있었어요. 경루는 이름만 다를 뿐이지, 구조와 원리는 누각과 다르지 않았어요.

세종대왕이 생각해요.

약수터다.
약수가 한 방울 한 방울 떨어진다.
해가 뜨자마자 여인이 항아리를 갖다 놓는다.
빈 항아리에 약수가 차기 시작한다.
이튿날 동이 트는 순간 항아리를 보자
약수로 가득하다.
항아리 가득 약수가 차는 데 하루가 걸린 셈이다.

하루가 지났다는 것은 시간이 흘렀다는 얘기다.

그렇다, 시간이 간 것이다.

항아리에 약수가 차는 것으로 시간을 알 수 있는 것이다.

세종대왕 시대에는 하루의 시간을 자시, 축시, 인시, 묘시, 진시, 사시, 오시, 미시, 신시, 유시, 술시, 해시, 이렇게 십이지 시각으로 나누었어요.

세종대왕이 생각을 이어가요.

항아리를 12개의 눈금으로 균등하게 나눈다.

눈금 하나하나에 십이지를 표시한다.

각각의 눈금 하나하나가 십이지의 시간이 되는 것이다.

항아리 맨 아래의 눈금은 자시가 되고

그 위의 눈금은 축시가 되고

그 위의 눈금들은 차례로 인시, 묘시, 진시가 되고

맨 위의 눈금은 해시가 된다.

세종대왕 시대에는 12개의 눈금을 그었지만, 요즘이라면 24개의 눈금을 그어야 할 거예요. 오늘날의 하루는 24시간이니까요.

세종대왕의 생각을 계속 따라가 봐요.

항아리에 눈금을 표시해 놓으면
해가 뜨지 않는 깜깜한 한밤중에도
날씨가 흐리거나 비가 내려서
해시계를 사용하지 못하더라도
물이 차오른 높이를 보고 얼마든지 시간을 알 수가 있다.
물이 차오른 높이가 인시이면, 그때의 시각은 인시가 될 테고
술시이면 술시가 될 테니 말이다.

그래요, 이것이 누각과 경루로 시간을 재는 기본 원리예요. 그리고 이 세상 모든 물시계의 기본 원리예요.

물시계의 기본 원리 1 : 항아리에 눈금을 그어서 시각을 표시한다.
물시계의 기본 원리 2 : 항아리에 물이 한 방울 한 방울 떨어진다.
물시계의 기본 원리 3 : 물이 차오른 높이로 시간을 안다.

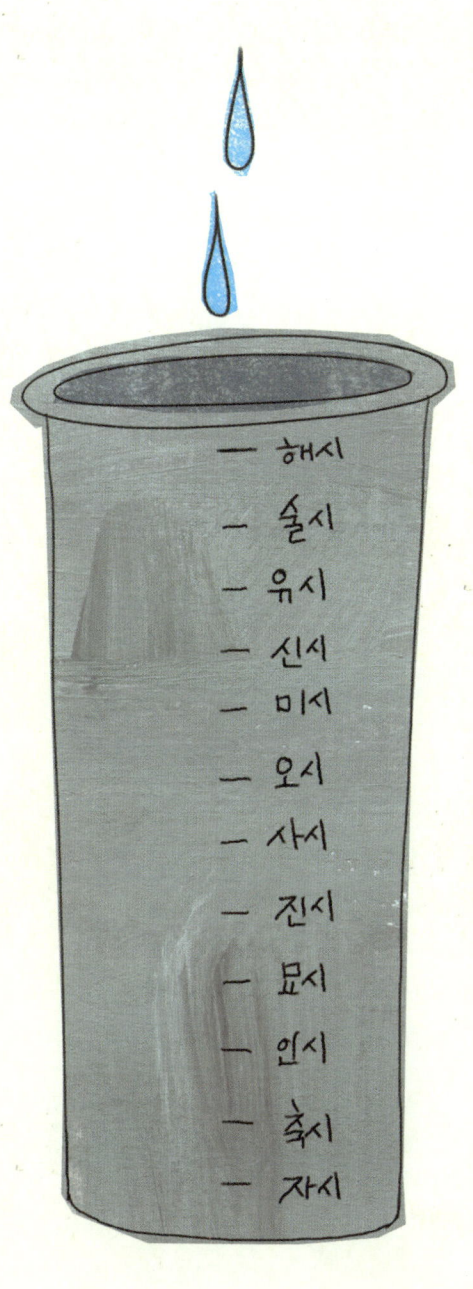

자동 물시계를 발명하라고 했어요

세종대왕이 물시계를 바라보며 혼잣말하듯 나직이 말했어요.
"그게 가능할까?"
세종대왕이 무엇인가 기발한 것을 상상하고 있는 것 같아요. 세종대왕의 머릿속으로 들어가 봐요.

우리가 살아가는 데 시간은 더없이 중요하다.
그래서 해시계와 물시계를 제작해서
　　낮이건 밤이건, 구름이 끼건 아니건
　　비가 오건 눈이 내리건,
　　시간을 재고 있는 것 아닌가.

그래요, 인류는 시간을 매우 소중하게 다루었어요. 얼마나 중요하게 취급했느냐 하면, 왕의 허락 없이는 감히 그 누구도 시간을 마음대로 측정할 수가 없었어요. 돈이 많거나 뛰어난 기술이 있다고 해서, 해시계와 물시계를 마음대로 제작할 수는 없었어요. 이를 어겼다간 엄한 벌을 받았지요. 이는 우리나라도 다르지 않았어요.

우리나라의 삼국 시대와 고려 시대와 조선 시대에는 시간에 관한 일을 전문적으로 맡아서 처리하는 곳이 있었어요. 세종대왕 시대에는 서운관이라는 관청을 두고 그 일을 맡게 했어요. 서운관은 태조 임금이 왕에 오르면서 설치한 관청이에요.

세종대왕의 머릿속으로 다시 들어가 봐요.

> 시간이 중요한 만큼 어느 때이더라도
> 시간을 놓치는 일이 있어선 절대로 안 될 일이다.
> 그런데 실제는 그렇지가 못해서
> 종종 시간을 놓치는 일이 발생하곤 한다.

세종대왕 시대에는 서운관의 관리가 밤낮으로 쉬지 않고 물시계를 지키며 때가 되면 시각을 알려 주었어요. 성문 여는 시각과 성문 닫는 시각, 수문장(궁궐이나 성의 문을 지키는 사람)의 교대 시각, 순라군(도둑이나 화재를 경계하기 위해 궁 안팎과 도심을 순시하는 군인)의 순찰 시각 등을요.

서운관의 관리는 맡은 바 임무에 충실했어요. 하지만 꾸벅꾸벅

졸다가 시간을 알려 주지 못하는 일이 간혹 일어나곤 했어요. 이런 사건은 대개 영하의 추운 날씨에 매서운 바람이 휘몰아치는 한겨울 밤에 발생하곤 했어요. 그러면 궁 안팎에 일대 소동이 벌어졌고, 서운관의 관리는 감옥에 들어가거나 일자리를 잃는 등 큰 벌을 받았어요.

세종대왕이 생각해요.

서운관 관리의 실수가 있어서는 아니 될 터이다.
그러나 매서운 한파가 몰아치는 한겨울 밤에 부들부들 떨면서 물시계에서 눈을 떼지 못하고 있는
그들을 생각하면 마냥 탓하거나 질책하기도 어렵다.
그렇다면……?

세종대왕이 지그시 눈을 감았어요.

'그런 물시계를 만들 수만 있다면, 참 좋으련만…….'

세종대왕이 상상하고 있는 그런 물시계란 과연 어떤 물시계일까요?

세종대왕이 눈을 뜨고 말했어요.

"장영실을 불러와라!"

세종대왕의 부름을 받은 장영실이 부리나케 달려왔어요.

"전하 부르셨사옵니까."

장영실이 허리를 꺾으며 공손하게 말했어요.

"그대에게 부탁할 게 있는데?"

"전하께서 소인에게 감히 부탁이라니요. 어떠한 분부라도 내려주시옵소서, 전하."

세종대왕의 얼굴에 흐뭇한 미소가 잔잔히 퍼졌어요.

"매일 밤마다 물시계 옆에서 시간을 알려야 하는 서운관 관리들이 안쓰럽구나. 졸다가 시간을 놓치면 큰일이지 않더냐. 장영실 그대가 자동으로 시간을 알려 주는 물시계를 만들 수 있겠느냐?"

"분명 쉽지 않은 일일 듯하옵니다. 하지만 불가능한 일도 아닐 듯하옵니다. 소인이 최선을 다해서 기필코 전하의 뜻을 받들도록 하겠사옵니다."

05.

장영실이 물시계의 원리를 궁리해요

장영실이 수수호를 만들었어요

세종대왕의 지엄한 명을 받고 돌아온 장영실이 깊은 고민에 빠졌어요.

자동으로 시간을 알려 주는 물시계라?

요즘이야 대부분의 시계에 알람 기능이 있지만, 시계라고 해 봐야 해시계와 물시계가 전부였던 시대에 자동으로 시간을 알려 주는 시계를 만든다는 것은 분명 쉽지 않은 일이었어요.

장영실은 밤낮을 가리지 않고 생각에 생각을 거듭했어요. 그러나 좋은 생각이 떠오르지 않았어요.

장영실의 머릿속으로 들어가 봐요.

우리는 답이 보이지 않을 때
특히나 조바심을 내며 서두르곤 한다.
그럴 때일수록 한 걸음 한 걸음 차근차근

앞으로 나아가야 하는데도 말이다.
천 리 길도 한 걸음부터라고 했다.
어린아이가 아장아장 걸음마를 배우듯 나아가자.
그래, 항아리에 한 방울 한 방울
물을 떨어뜨리는 것에서부터 시작하는 거야.
십이지의 시각을 표시한 항아리에
물이 툭 툭 툭 떨어진다.

 물이 떨어지는 항아리는 물을 받는 항아리예요. 장영실은 이런 항아리를 '수수호'라고 했어요.
 '수수호'라는 말이 좀 어렵죠. 한자어라서 그래요. 수수호(受水壺)의 수(受)는 '받는다'는 뜻이고, 호(壺)는 '단지(항아리)'라는 뜻이에요. 따라서 수수호는 '물을 받는 항아리'가 되는 거예요.

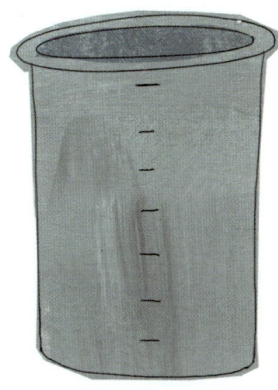

수수호 : 물을 받는 항아리

장영실이 파수호를 만들었어요

 장영실이 물시계의 기본 장치 중의 하나인 수수호를 만들었어요. 다음엔 무엇을 만들었을까요?
 장영실의 생각을 따라가 봐요.

> 한 방울 한 방울 수수호에 물이 떨어진다.
> 물이 수수호의 바닥에서부터
> 서서히 차오르기 시작한다.
> 물의 높이가 자시에 이른다.
> 수수호의 물이 점점 높이 차오른다.
> 시각은 축시를 가리키고, 인시로 넘어간다.
> 수수호에 떨어지는 물은 이런 식으로
> 자시에서 해시까지, 십이지 시각을 알려 준다.

 장영실이 수수호와 그 속으로 툭 툭 툭 떨어지는 물방울 유심히 바라보았어요.

장영실이 생각을 이어가요.

💧

💧

💧

수수호가 계속해서 십이지 시각을 알려 줄 수 있으려면
물이 수수호에 끊이지 않고 떨어져야 한다.
수수호에 물이 떨어졌다 말았다 해선 안 되는 것이다.
수수호에 계속해서 물을 떨어뜨려 주려면
이 일을 할 사람이 필요하다.
누구에게 시키지?
서운관 관리들에게 맡길까?
그들이 하는 게 적당할 것 같긴 하다.
시간 관리가 그들의 주요한 일 중의 하나이니까.
하지만 그들이 제대로 해 낼 수 있을까?
추우나 더우나 하루도 거르지 않고
일 년 365일 동안 내내 그 일을 맡아서 해야 하는데
이를 실수 없이 잘 해 낼 수 있을까?
아무리 봐도 무리일 것 같다.

그래요. 비가 오나 눈이 오나, 봄 여름 가을 겨울 수수호 옆에 붙어서 쉼 없이 물을 떨어뜨려 주어야 하는 작업은 아무래도 사람이 하기에는 벅찬 일이에요.

장영실의 머릿속으로 들어가 봐요.

그렇다면 다른 방법을 찾아야 하는데?
어떤 좋은 방법이 있을까?
그래, 항아리를 이용하는 거야!
수수호 이외의 항아리를 하나 더 준비하는 거야.
새 항아리에 구멍을 뚫고 거기에 물을 붓는 거야.
그러면 새 항아리의 구멍으로 빠져나간 물이
수수호로 자연스럽게 흘러들어 갈 거야.

그래요, 항아리를 하나 더 마련하면, 사람이 일일이 물을 떨어뜨려 주지 않아도, 수수호로 물이 절로 떨어지게 할 수가 있어요.

장영실은 수수호로 물을 떨어뜨려 주는 항아리를 파수호라고 했어요.

파수호란 말도 쉽지 않아요. 이 또한 한자어라서 그래요. 파수호(播水壺)의 파(播)는 '뿌린다'는 뜻이에요. 따라서 파수호는 물을 뿌리는 항아리, 즉 물을 떨어뜨려 주는 항아리가 되는 거예요.

파수호의 물이 줄어들어요

　물을 떨어뜨려 주는 항아리인 '파수호'와 물을 받는 항아리인 '수수호'가 만들어졌어요. 파수호와 수수호는 물시계를 구성하는 주요 장치예요.

　장영실은 계단 모양의 선반을 제작해서 선반의 아래에 수수호를 놓고, 위에 파수호를 놓았어요. 그리고 파수호와 수수호를 둥근 관으로 연결했어요. 이 관을 통해서 파수호의 물이 수수호로 조금씩 조금씩 흘러들어 가게 되는 거예요.

　장영실이 생각해요.

파수호의 뚫린 구멍으로 물이 흘러내린다.
수수호에 물이 졸졸졸 떨어진다.
수수호의 바닥에서부터 차오른 물이 어느덧 십이지 시각의 첫째 눈금인 자시에 이른다.

시간이 지나, 파수호의 물이 절반으로 줄어든다.
수수호의 물은 십이지 시각의 셋째 눈금인 인시에 이른다.
시간이 더 지나자, 파수호의 바닥이 보인다.
수수호의 물은 십이지 시각의
다섯째 눈금인 진시까지 오른다.

진시까지는 시간 측정이 자연스럽게 이루어졌어요. 하지만 파수호의 물이 거의 다 떨어져 가고 있다는 것이 걱정이에요.
장영실은 이를 어떻게 해결했을까요?

장영실이 큰파수호를 만들었어요

장영실의 머릿속으로 들어가 봐요.

파수호의 물이 다 떨어지면
수수호에 더는 물을 떨어뜨려 줄 수가 없다.
수수호에 물이 채워지지 않으면
수수호의 물 높이는 진시에서 높아질 수가 없다.
십이지 시각의 여섯째 시각인
사시와 그 이후의 시간을 잴 수가 없는 것이다.
이는 수수호가 물시계 역할을 하지 못한다는 얘기다.
이런 일이 일어나선 안 된다.
매일 매일 십이지 시각을 제때에 알 수 있으려면
수수호에 물이 끊기지 않아야 한다.
파수호에 물을 계속 부어 주어야 하는 것이다.

그래요, 물시계로 시간을 제대로 측정하려면 파수호에 물을 계

속 해서 부어 주어야 하는 거예요. 수수호에 물을 계속 부어 주어야 하듯이 말이에요.

장영실이 생각을 이어가요.

> 파수호에 물을 부어 주는 방법은
> 두 가지를 고려해 볼 수가 있다.
> 하나는 사람이 바가지로 물을 퍼 주는 것이고
> 다른 하나는 새 항아리를 사용하는 것이다.

사람이 파수호에 물을 부어 주는 방법은 가능하지 않다고 봐야 해요. 추우나 더우나 일 년 365일 동안 하루도 끊이지 않고 내내, 사람이 이를 해 나갈 수 없다는 것을 수수호에서 익히 살펴보았잖아요.

그렇다면 가능한 방법은 항아리를 사용하는 것이에요. 이것은 새로운 항아리에 물을 담아서 파수호에 흘려 보내 주는 방법이에요. 파수호와 수수호를 관으로 연결해서 물을 보내 준 것처럼요.

이렇게 해서 또 하나의 항아리가 추가됐어요. 이 새로운 항아리도 파수호예요. 물을 흘려 보내 주니까요.

장영실은 파수호에 물을 보내 주는 새 항아리를 큰파수호(대파수호)라고 했어요. 그리고 수수호와 연결된 파수호는 작은파수호(소

창경궁 자격루.
세종 때 만들어진 물시계(자격루)는 사라졌지만, 중종 때 다시 만든 물시계의 일부는 남아 있어요.
큰파수호의 지름은 작은파수호의 지름보다 2배 정도 컸어요.

파수호)라고 했어요.

장영실은 수수호와 파수호를 설치한 2단 선반에 선반을 하나 더 추가해서 3단으로 만들었어요. 그러고는 3단 선반의 맨 위에 큰파수호를 올려 놓았어요.

큰파수호는 이름 그대로 작은파수호보다 커요. 그래서 작은파수호보다 물을 더 많이 담을 수가 있어요.

큰파수호의 지름은 1미터 정도이고, 높이는 70센티미터가량이에요. 작은파수호의 지름은 50센티미터 정도이고, 높이는 40센티미터가량이에요. 큰파수호의 지름과 높이가 작은파수호의 두 배 정도 되는 셈이에요.

이를 부피로 계산하면 8배가량의 차이가 나요. 큰파수호가 작은파수호보다 8배 정도 더 많은 물을 담을 수가 있다는 뜻이에요.

이렇게 해서 큰파수호와 작은파수호와 수수호로 이어지는 물시계의 주요 장치가 갖추어졌어요.

06.
장영실이 물시계를 만들었어요

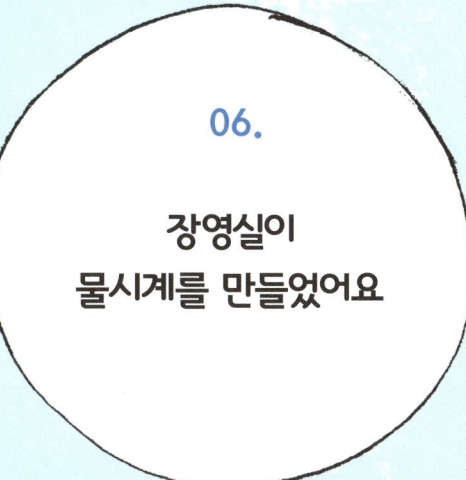

물이 누르는 힘에 따라 달라져요

물시계의 주요 장치가 마련됐으니, 큰파수호와 작은파수호와 수수호가 제대로 작동하는지 시험해 봐야 할 거예요.

장영실이 3단 선반의 최상층으로 올라갔어요. 그러고는 큰파수호에 물을 한 바가지 붓고 나서 지그시 눈을 감았어요.

장영실은 무슨 생각을 하고 있을까요?

서운관 관리가 큰파수호에 물을 붓는다.
큰파수호에 물이 적당히 차자
작은파수호와 연결된 큰파수호의 구멍을 연다.
작은파수호에 물이 툭 툭 툭 떨어진다.
작은파수호에는 시간이 흐를수록
물이 점점 높이 차오를 것이다.
이제 작은파수호의 물이 수수호로 떨어지기만 하면
시간을 알 수가 있다.
십이지 시각으로 표시한 수수호의 눈금에

서서히 물이 차오를 테니까.
그렇다면 수수호와 연결된 작은파수호의 구멍을 열어야 한다.
언제 여는 것이 좋을까?
큰파수호에 물을 붓기 전에 미리 열어 두는 것이 좋을까?
작은 파수호에 물이 떨어지자마자 여는 것이 좋을까?
작은 파수호에 물이 가득 찼을 때 여는 것이 좋을까?

과연 언제 여는 것이 좋을까요?

아무 때나 열어도 다 똑같은 거 아닌가요, 라고 답하고 싶은가요? 그러면 서운관 관리들도 편할 거예요. 하지만 이것은 그리 간단하게 결정할 문제가 아니에요. 수수호와 연결된 작은파수호의 구멍을 언제 여느냐에 따라서, 수수호가 가리키는 시각이 현저하게 달라질 수가 있거든요. 이런 일이 일어나선 안 될 거예요.

장영실이 생각해요.

서운관 관리가 수수호와 연결된 작은파수호의 구멍을
일찍 열면 작은파수호에는 물이 조금 찰 것이고
늦게 열면 많이 찰 것이다.

그래요, 서운관 관리가 수수호와 연결된 구멍을 언제 여느냐에 따라서 작은파수호에 차는 물의 양이 달라져요.

　장영실이 생각을 이어가요.

　　서운관 관리가 수수호와 연결된 작은파수호의 구멍을
　　어느 때 여느냐에 따라서
　　작은파수호에는 물이 한가득 찰 수도 있고,
　　반쯤 찰 수도 있고 바닥이 보일 듯 말 듯 찰 수도 있다.
　　서운관 관리가 물이 가득 차 있을 때에 구멍을 열면
　　물이 수수호로 빠르게 떨어질 것이다.
　　물이 반쯤 차 있을 때에 구멍을 열면
　　물이 느리게 떨어질 것이다.
　　바닥이 보일 듯 말듯 물이 차 있을 때에 구멍을 열면
　　물이 매우 느리게 떨어질 것이다.

　작은파수호에 물이 가득 차 있을 때에 물이 수수호로 빠르게 떨어지고, 그렇지 않을 때에 수수호로 느리게 떨어지는 것은 누르는 힘이 다르기 때문이에요. 여기서의 누르는 힘은 '물이 누르는 힘'이에요. 이런 힘을 '수압'이라고 해요.

　그래요, 작은파수호에 물이 많으면 수압이 강해서 물이 빠르게 빠져나가고, 물이 적으면 수압이 약해서 물이 느리게 빠져나가요.

빠른 물이냐, 느린 물이냐

장영실은 작은파수호에서 수수호로 흘러들어 가는 물이 빠르고 느려지면 어떤 일이 벌어질지 상상하고 있어요. 장영실의 머릿속으로 들어가 볼까요?

작은파수호에 물이 한가득이다.
서운관 관리가 수수호와 연결된 작은파수호의 구멍을 연다.
물이 작은파수호를 빠르게 빠져나간다.
그와 동시에 수수호에 물이 빠르게 차기 시작한다.
물이 수수호의 십이지 시각을 가리키는 눈금까지
차오르는 데 걸리는 시간 역시 빨라진다.
이는 시간이 빨리 간다는 뜻이다.

그래요, 작은파수호에서 수수호로 물이 빠르게 떨어지면, 물시계의 시간이 빨리 가게 되는 거예요.
장영실이 생각을 이어가요.

작은파수호에 물이 거의 없다.
서운관 관리가 수수호와 연결된 작은파수호의 구멍을 연다.
물이 작은파수호를 느리게 빠져나간다.
그와 동시에 수수호에 물이 느리게 차기 시작한다.
물이 수수호의 십이지 시각을 가리키는 눈금까지
차오르는 데 걸리는 시간 또한 느려진다.
이는 시간이 느리게 간다는 뜻이다.

그래요, 작은파수호에서 수수호로 물이 느리게 떨어지면, 물시계의 시간이 늦게 가게 되는 거예요.
장영실이 생각을 계속해요.

시간은 늘 일정해야 한다.
그래야 시간으로서의 의미가 있다.
그렇지 않고 시간이 빨라졌다 느려졌다,
또 느려졌다 빨라졌다 하는 식으로 흘러가면
이 세상에는 엄청난 혼란이 생길 것이다.

그래요, 시간이 들쑥날쑥하게 간다면 엄청난 혼란이 올 거예요. 예를 들어, 세종대왕이 사는 왕궁 안에서의 시간과 백성들이 사는

궁 밖에서의 시간이 다르게 흘러간다면 어떻겠어요? 성문은 어느 시각에 맞춰서 열고 닫아야 할지, 수문장은 어느 시각에 맞춰서 교대를 해야 할지, 순라군은 어느 시각에 맞춰서 순찰을 돌아야 할지 헷갈리게 될 거예요. 시간이 일정하지 않고 제각각 흐른다면, 이런 혼란은 수백수천 가지가 넘을 거예요.
　장영실이 생각을 이어가요.

　　이런 혼란은 왜 생기는가?
　　그렇다, 작은파수호에서 수수호로 떨어지는
　　물의 빠르기가 달라서 생긴다.

　그래요, 작은파수호에서 수수호로 물이 빠르게 떨어지느냐, 느리게 떨어지느냐에 따라서 시각이 달라지는 혼란이 생기는 거예요.
　장영실이 계속 생각해요.

　　시간이 일정하게 흐르지 않아서 생기는
　　이런 혼란은 결코 일어나선 안 된다.
　　이런 혼란이 발생하게 된다면
　　차라리 물시계가 없는 편이 더 낫다.
　　그래, 이런 혼란이 생기게 해선 절대로 안 될 것이다.

그러자면 선택해야 한다.

빠른 물이냐, 느린 물이냐를 말이다.

어느 것을 선택하는 게 좋을까?

그래요, 빠른 물이냐 느린 물이냐, 이것이 문제인 거예요.

물의 빠르기가 일정해야 해요

어느 것을 선택하는 것이 좋을까요? 빠른 물일까요, 느린 물일까요, 아니면 중간 빠르기로 떨어지는 물일까요?

장영실의 머릿속으로 들어가 봐요.

시간은 빨리 가는 게 좋을까, 느리게 가는 게 좋을까?
아니면 그 중간으로 가는 게 좋을까?
모두 아니다.
시간은 빨리 가는 것이 좋은 것이 아니고
느리게 가는 것이 좋은 것도 아니다.
그렇다고 그 중간으로 가는 것도 좋은 것이 아니다.
시간은 정확하게 가는 것이 좋은 것이다.
물시계의 시간이 정확하게 가려면 작은파수호에서
수수호로 떨어지는 물의 빠르기가 일정해야 한다.
어느 때는 빠르게 흐르고
어느 때는 느리게 흘러서는 안 된다.

> 빠르게 흐르려면 항상 빠르게 흘러야 하고
> 느리게 흐르려면 항상 느리게 흘러야 한다.

장영실이 작은파수호와 수수호로 고개를 돌렸어요. 그러고는 그 속을 들여다보며 한동안 물의 움직임을 살폈어요.

장영실이 생각을 이어가요.

> 수수호로 들어가는 물의 빠르기는
> 작은파수호에 담긴 물의 양과 관계가 있다.
> 물의 빠르기가 변하지 않으려면
> 작은파수호에 담긴 물의 높이가 항상 일정해야 한다.
> 물의 높이가 높으면, 늘 그 높은 높이를 유지해야 하고,
> 낮으면 늘 그 낮은 높이를 유지해야 하며,
> 그 사이의 높이라면 늘 그 높이를 유지해야 하는 것이다.

장영실은 작은파수호의 물 높이를 어디에 맞추었을까요? 높은 쪽일까요, 낮은 쪽일까요, 아니면 그 중간 높이일까요?

안타깝게도 우리는 이에 대해서 정확히 알 수가 없어요. 이를 기록해 놓은 역사적 자료가 전해지지 않기 때문이에요.

하지만 작은파수호의 물 높이를 중간보다 높게 유지했을 것이라

고 추측해 볼 수는 있어요. 수수호로 떨어지는 물의 빠르기가 느린 것보다는 빠른 것이 시간을 정확하게 측정하는 데 여러 가지로 이롭기 때문이에요.

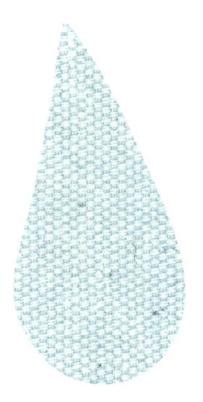

큰파수호와 작은파수호와 수수호가 있어요

장영실은 정확한 물시계를 제작하려면, 작은파수호의 물 높이를 변하지 않도록 맞춰 놓아야 한다는 중요한 사실을 알았어요.
장영실이 생각해요.

서운관 관리가 큰파수호에 물을 붓는다.
큰파수호에 물이 적당히 차면
작은수수호와 연결된 구멍을 연다.
물이 작은파수호로 툭 툭 툭 떨어지기 시작한다.

장영실은 작은파수호의 적정한 물 높이를 정하기 위해 실험을 수없이 반복하고 또 반복했을 거예요. 큰파수호와 작은파수호를 이어주는 관의 길이는 짧게 하는 것이 좋을지 길게 하는 것이 좋을지, 관의 두께는 두껍게 하는 것이 좋을지 얇게 하는 것이 좋을지, 관은 비스듬하게 뉘여서 연결하는 것이 좋을지 수직으로 곧추 세워서 연결하는 것이 좋을지 등을 선택하는 실험들 말이에요.

그리고 큰파수호와 작은파수호를 무엇으로 제작하는 것이 좋을지도 고민했을 거예요. 쇠로 만드는 것이 좋을지, 흙으로 빚는 것이 좋을지 말이에요.

장영실은 큰파수호는 청동을 사용해서 만들었고, 작은파수호는 도자기처럼 흙으로 빚고 구워서 만들었어요.

그러나 관의 길이, 두께, 설치 각도에 대한 실험 내용은 전해지지 않고 있어요. 이것이 전해졌다면, 장영실의 천재성은 더욱 빛이 났을 거예요.

장영실이 생각을 이어가요.

> 물이 작은파수호의 적정 높이까지 차오르자
> 서운관 관리가 수수호와 연결된 구멍을 연다.
> 수수호 바닥으로 물이 툭 툭 툭 떨어진다.
> 물이 수수호에 차츰차츰 차오르더니
> 어느덧 십이지 시각의 첫째 시각인 자시에 이른다.
> 수수호의 물 높이가 점점 높아진다.
> 물은 축시에 이르고, 인시에 이르다가
> 십이지 시각의 마지막 눈금인 해시까지 오른다.

성공이에요. 수수호의 물이 자시에서부터 해시까지의 시간을 정확히 가리키는 데 성공한 거예요. 물시계는 장영실이 생각했던 바대로 원활하게 작동했어요. 그런데 장영실의 얼굴이 밝지 않아요. 왜일까요?

  장영실의 머릿속으로 들어가 봐요.

    물시계로 하루 동안의 시간을 재는 데 성공했다.
    이제 그 다음 날의 시간을 재야 한다.
    그 다음 날의 시간은 자시에서부터 시작한다.
    자시를 가리키는 눈금은 수수호의 맨 아래에 그어져 있다.
    그런데 수수호의 물은
    십이지 시각의 가장 높은 눈금인
    해시까지 차오른 상태이다.
    자시부터 시간을 재려면,
    수수호에 담긴 물을 전부 빼내야 한다.
    수수호를 빈 상태로 만들어야 하는 것이다.
    수수호의 물을 빼내는 것은 그다지 어려운 일이 아니다.
    그러나 문제는 수수호에 담긴 물을 빼내는 동안에
    시간을 어떻게 재느냐는 것이다.
    이대로라면 하루 동안의 시간밖에는 잴 수가 없는데…….
    아, 이를 어떻게 해결한다?

어떤 좋은 방법이 있을까요? 장영실은 어떤 아이디어를 내놓았을까요?

장영실의 머릿속으로 들어가 봐요.

그래, 하나를 더 만드는 거야!
큰파수호와 작은파수호와 수수호와
모양과 크기가 똑같은
새로운 큰파수호와 작은파수호와 수수호를 만드는 거야.
수수호에 가득 찬 물을 빼내는 동안에는
새로운 큰파수호와 작은파수호와 수수호로 시간을 재는 거야.
그리고 새로운 수수호에 가득 찬 물을 빼내는 동안에는
먼저 만든 큰파수호와 작은파수호와 수수호로
시간을 재면 되는 거야.

그래요, 답은 의외로 간단했어요.

장영실은 모양과 크기가 똑같은 큰파수호와 작은파수호와 수수호를 만들었어요. 그러고는 그것을 먼저 만든 것의 옆에 나란히 놓았어요.

이렇게 해서 장영실은 물시계를 완성했어요. 1년 365일 동안 하루도 빼먹지 않고 시간을 알려 줄 수 있는 물시계를 말이에요.

07.
장영실이 자동 물시계를 만들었어요

물시계가 자동으로 움직이려면

　세종대왕과 장영실이 꿈꾼 물시계는 자동으로 시간을 알려 주는 물시계예요. 큰파수호와 작은파수호와 수수호만으론 이런 기능을 해 낼 수가 없어요. 새로운 장치가 추가되어야 하는 거예요. 이를 '자동 시보 장치'라고 해요. 시보(時報)는 시간을 알려 준다는 뜻이니, 자동 시보 장치는 자동으로 시간을 알려 주는 장치가 돼요.
　자, 그럼 장영실이 자동 시보 장치를 어떻게 만들었는지 알아 봐야 하는데요, 솔직히 이게 만만치가 않아요.
　장영실의 물시계는 자동 시보 장치는커녕 큰파수호와 작은파수호와 수수호조차 전해지지 않고 있거든요. 그렇다고 설계도가 있는 것도 아니에요. 실물과 설계도가 없는 상태에서 자동 시보 장치를 그려 본다는 것은 분명 어려운 일이에요. 아니, 가능하지 않을 것이라고 볼 수도 있어요.
　그래요, 실물도 없고 설계도도 없으니, 자동 시보 장치의 복원은 불가능할 것이라고 보는 것도 무리가 아니에요.
　하지만 그렇다고 포기는 아직 일러요. 자동 시보 장치를 복원할 수 있는 희망의 실마리가 천만다행히도 남아 있기 때문이에요.

조선왕조실록을 보면 장영실의 물시계와 자동 시보 장치를 간략히 설명한 글(세종 16년인 1434년 음력 7월 1일)이 나와요. 우리는 이 글을 디딤돌 삼아 장영실의 자동 시보 장치를 그려 볼 거예요.

장영실이 생각해요.

"임금이 또 시간을 알리는 자가 실수하게 될 것을 염려하여, 장영실에게 명하여 시간에 따라 스스로 알리게 하고, 사람의 힘을 빌리지 아니하도록 하였다."
(조선왕조실록 중 '세종실록' 65권, 세종 16년 음력 7월 1일 기록.)

지금까지는 서운관 관리가
물시계 옆에 붙어 있다가
수수호의 물이 자시에 이르면 자시라 일러 주었고
축시에 이르면 축시라 일러 주었다.
그러나 새롭게 만들 물시계에선 이 일을 사람이 하지 않고
물시계 스스로가 해야 한다.
어떤 방법이 좋을까?
그래, 나무 인형을 이용하자.
십이지 각각의 시간이 되면 자동 시보 장치 안에 설치한
나무 인형이 톡 튀어나와서 종과 징과 북을 치도록 하자.

여러분, 뻐꾸기시계를 아세요? 매 시간마다 시계 속에 있던 뻐꾸기가 툭 튀어나와서 뻐꾹 뻐꾹 울고 들어가는 시계 말이에요. 뻐꾸기 대신에 십이지를 뜻하는 12가지 동물의 나무 인형이 나오고 들어가면서 이와 비슷한 일을 하는 물시계, 장영실은 바로 이런 물시계를 상상하고 있는 거예요.

장영실이 생각을 이어가요.

나무 인형이 종과 징과 북을 칠 수 있으려면
동력이 필요하다.
무엇을 동력으로 삼는 게 좋을까?

동력(動力)은 움직이게 하는 힘이에요. 여기서는 나무 인형을 작동시키는 힘이 될 거예요. 요즘 같으면 나무 인형 속에 건전지나 배터리를 끼워 넣거나, 나무 인형을 전기 코드로 연결하면 동력 문제가 간단히 해결될 거예요. 하지만 그럴 수 없었던 장영실은 무엇

국립고궁박물관에 전시중인 자격루(복원품)의 나무 인형 모습.

을 동력으로 활용했을까요?
장영실의 생각을 따라가 봐요.

구슬을 이용하자.
그래, 구슬이 떨어지고 구르는 힘을
동력으로 이용하는 거야!

장영실이 구상한 방법은 피아노 건반이 소리를 내는 것과 비슷해요. 피아노 건반을 누르면 그 힘이 피아노 줄로 전달돼서 소리를 내게 되죠. 마찬가지예요. 구슬이 떨어지고 구르면서 생긴 힘이 나무 인형의 팔에 전달돼서 종과 징과 북을 치게 한다는 것이에요.

물시계에 구슬을 이용했어요

장영실이 생각해요.

수수호에 물이 차오른다.
물이 십이지 시각의 첫째 시각인 자시에 이르렀다.
나무 인형이 종과 징을 치고 북을 울려서
이 시각을 알려야 한다.
그러자면 구슬이 수수호에서
나무 인형까지 굴러가야 한다.
그런데 문제는 수수호에 구슬이 없다는 것이다.
구슬이 없으면 동력이 없는 셈이니
자동 시보 장치가 작동할 수 없다.
자동 시보 장치가 작동하려면
수수호에 구슬이 있어야 한다.

그래요. 자동 시보 장치가 있는 물시계는 스스로 시각을 알려야 하기 때문에, 동력으로 쓰일 구슬이 반드시 필요해요. 반면 자동 시보 장치가 없는 물시계는 수수호에 구슬을 갖추어 놓을 필요가 없어요. 물이 차오른 높이를 보고, 수수호에 적힌 그때의 시각을 읽어 내기만 하면 되니까요.

물시계에 구슬이라는 동력이 있고 없는 차이는 수수호의 모양에 적지 않은 영향을 주게 돼요. 그래서 자동 시보 장치가 있는 물시계와 그렇지 않은 물시계의 수수호 모양은 달라질 수밖에 없어요.

장영실이 생각을 이어가요.

수수호 바닥에 구슬을 그냥 내려 놓을 수는 없다.
그러면 구슬이 나무 인형에 다가가게 하기 어렵다.
아니, 불가능하다.
수수호에 물이 차올라도 구슬은 수수호 바닥에
마냥 그대로 가라앉아 있을 것이기 때문이다.
그렇다고 수수호 바닥에 구멍을 뚫어서
그리로 빠져나가게 할 수도 없다.
그러면 물도 함께 빠져나갈 것이다.
수수호에서 물이 빠져나가면, 시각이 제대로 맞을 리가 없다.
시간이 안 맞는 물시계가 되는 것이다.
이런 물시계는 필요 없다.

그렇다면 구슬을 수수호의 바닥이 아닌
그 위에 설치해야 한다는 건데…….
어떤 방법이 좋을까?

장영실은 어떤 반짝하는 아이디어를 떠올렸을까요?
장영실의 머릿속으로 계속 들어가 봐요.

그래, 나무 기둥에
구슬을 올려 놓는 방법을 택하자!
자시에서 해시까지의 십이지 시각을 표시한
나무 기둥을 만드는 거야.

이런 나무 기둥을 방목이라고 해요.
 방목에 시각을 표시할 때에는 꼭 지켜야 할 게 있어요. 십이지 시각 사이의 길이가 수수호에 표시한 것과 똑같아야 한다는 거예요. 예를 들어 수수호의 자시와 축시 사이가 10센티미터 떨어졌다고 하면, 방목의 자시와 축시 사이도 10센티미터만큼 떨어뜨려야 한다는 것이에요. 왜 그래야 하는지는 조금 후에 알게 돼요.
 장영실이 계속 생각해요.

방목의 십이지 시각을 표시한 자리마다
구슬을 올려 놓을 수 있는 받침대를 만든다.
받침대는 스치듯 살짝만 건드려도
구슬이 쉬이 굴러 떨어질 수 있어야 한다.

 장영실은 구슬 받침대를 청동으로 제작해서 그 위에 구슬을 올려 놓았어요. 구슬의 재질은 구리였고, 크기는 총알만 했어요.

방목을 어디에 놓을지 고민했어요

장영실이 생각해요.

방목을 놓아야 한다.
어디에 어떻게 설치하는 게 좋을까?

방법은 두 가지가 있어요. 하나는 수수호 안에 집어넣는 것이고, 다른 하나는 수수호 밖에 놓는 것이에요.
장영실이 생각을 이어가요.

수수호에 방목을 집어넣는 것부터 따져 보자.
수수호에 물이 차오르기 시작한다.
물이 자시에 이르렀다.
방목의 청동 받침대에 올려 놓은 구리 구슬을 떨어뜨려야 한다.
그래야 구리 구슬이 나무 인형의 동력이 될 수 있다.
그러나 수수호의 물이 이를 해 낼 수 있을까?

그래요, 파도가 넘실넘실 출렁이는 바다라면, 파도의 힘으로 구리 구슬을 청동 받침대에서 떨어뜨리게 할 수 있을 거예요. 하지만 일렁임이 없는 수수호의 물이 청동 받침대의 구리 구슬을 쳐서 떨어뜨리는 것은 가능하지 않아요.

이것은 무슨 의미일까요? 그래요, 방목을 수수호 안에 집어넣는 방법을 채택하기가 어렵다는 뜻이에요.

장영실이 생각을 계속 이어가요.

이번에는 방목을 수수호 안에 집어넣지 않는 방법을 따져 보자.
이것은 방목을 수수호 옆에 놓는 방법과
위에 올리는 방법이 있다.
방목을 수수호 옆에 놓으면
방목과 수수호는 따로따로가 되어 버린다.
수수호에 물이 계속 차올라서 물의 높이가 해시에 이르러도
방목은 아무런 영향을 받지 않는다.
청동 받침대에 올려 놓은 구리 구슬도 변함이 있을 수 없다.
이것은 무엇을 말하는가?
그렇다, 구리 구슬을 떨어뜨리게 할 수 없다는 얘기다.
구리 구슬이 떨어지지 않으면,
나무 인형을 움직이게 할 수 없다.

이런 물시계는 우리가 원하는 물시계가 아니다.
따라서 방목을 수수호 옆에 놓는 방법은 채택하기 어렵다.

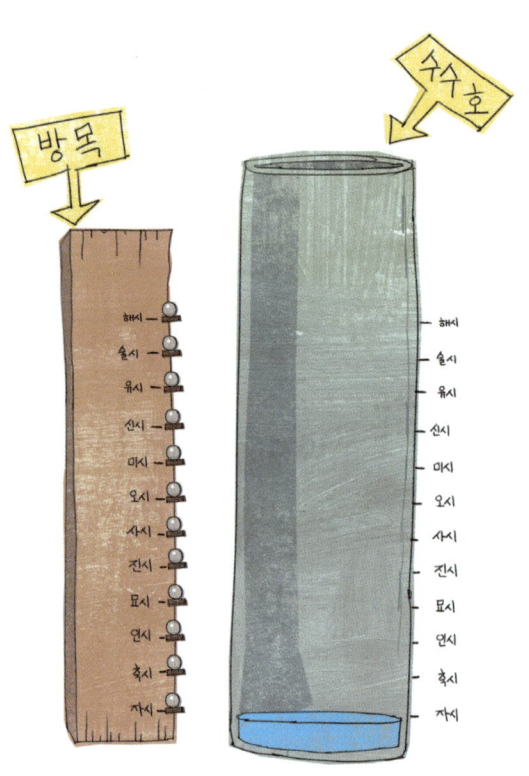

방목을 수수호 위에 올렸어요

장영실이 생각해요.

이제 남은 방법은 방목을 수수호 위에 올리는 것뿐이다.
방목은 수수호보다 가늘다.
방목을 수수호 위에 그냥 올렸다간
방목이 수수호에 빠지게 된다.
방목을 수수호 위에 올리려면 지지대가 필요하다.

장영실은 방목과 수수호를 지지대로 연결했어요. 물론, 장영실이 다음 그림에 표시한 파란 막대처럼 수수호와 방목을 간단하게 연결하진 않았을 거예요. 튼튼하고 정교하고 멋지게 연결했을 거예요. 자동 시보 장치가 온전하게 전해지지 않아서 그 구체적인 모양을 정확히 그려 볼 수 없는 것이 아쉬울 따름이에요.

그렇더라도 장영실이 발명한 자동 시보 장치의 원리를 이해하는 데, 이는 그다지 중요하지 않아요. 진짜로 중요한 것은 청동 받침대에 올려 놓은 구리 구슬을 어떻게 떨어뜨리느냐 하는 것이에요.

물에 뜨는 부전을 만들었어요

이제 수수호 위에 설치한 방목의 구리 구슬을 떨어뜨리는 문제를 해결해야 해요. 이는 어찌 보면 까다롭게 느낄 수도 있는 문제예요. 물론, 답을 알고 나면 쉬워지지만요. 장영실은 이를 어떻게 해결했을까요?

장영실의 머릿속으로 들어가 봐요.

> 수수호의 물이 자시에 이르렀다.
> 방목의 구리 구슬을 떨어뜨려야 한다.
> 그러나 이 상태에선 불가능하다.
> 구리 구슬을 떨어뜨리려면 수수호의 물 높이가
> 방목에 그대로, 그리고 곧바로 전해져야 한다.
> 이를 어떻게 해결한다?

장영실은 이를 놓고 많은 고민을 했을 거예요. 그런 후에 그가 내놓은 답은 다음과 같은 모양의 도구였어요.

　조선왕조실록에서는 이것을 부전(浮箭)이라고 기록해 놓고 있어요. 부(浮)는 뜬다는 뜻이고, 전(箭)은 화살이라는 뜻이에요. 따라서 부전은 '화살 모양의 떠오르는 것'이라고 볼 수 있어요.

　국사편찬위원회에서 번역한 조선왕조실록에서는 부전을 '살대'라고 표현했어요. 이를 '잣대'라고 한 책도 있어요. 그러니까 책을

보다가 '살대'나 '잣대'라는 말이 나오면, 부전과 같은 말이라고 보면 되는 거예요.

부전의 꼭대기에는 젓가락 모양의 가로쇠가 달려 있어요. 이것이 구리 구슬을 떨어뜨려 주는 역할을 하게 되죠.

부전은 얼마든지 예쁘게 꾸밀 수가 있어요. 거북과 용 모양을 새겨 넣을 수도 있고, 모양을 다양하게 변화시킬 수도 있어요. 조선왕조실록의 '세종실록'은 부전에 거북 모양을 그려 넣었다고 기록하고 있지만, 실물이 전해지지 않아서 정확한 형태는 알 수 없어요.

수수호에 부전을 넣었어요

장영실이 수수호에 부전을 넣었어요. 부전의 바닥이 수수호의 바닥에 닿았고, 부전의 가로쇠는 방목의 바닥에 닿았어요.

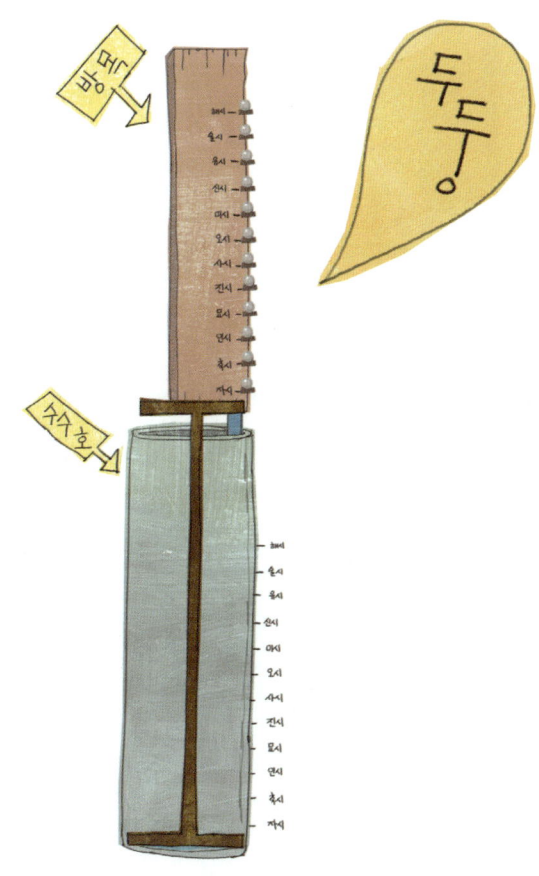

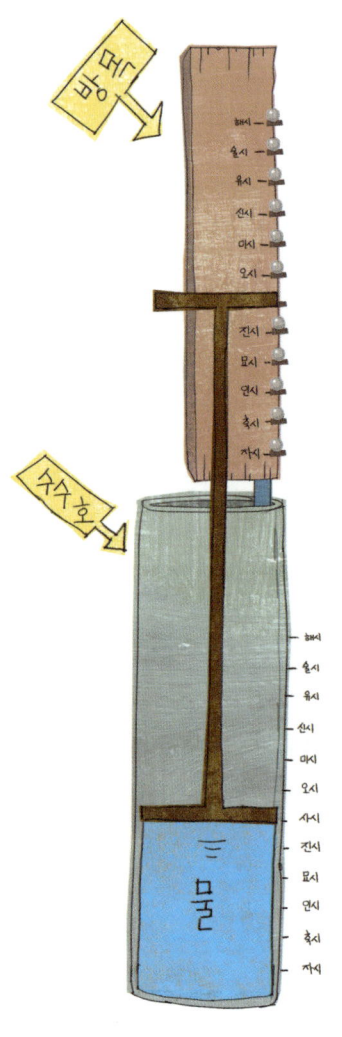

장영실이 생각해요.

수수호에 물이 차기 시작하자,
부전이 떠오른다.
수수호의 물이 자시에 이르자
부전의 바닥이 그 높이에 닿았다.
그리고 부전의 가로쇠는
방목의 자시에 닿았다.

만약 수수호와 방목에 표시한 십이지 시각 사이의 눈금 길이가 다르다면, 어떤 결과가 나왔을까요?

그래요, 수수호의 물이 자시에 이르러도, 부전의 가로쇠는 방목의 자시에 닿지 못할 거예요. 자시에 못 미치거나, 그 이상 올라갈 거예요. 수수호와 방목의 눈금 길이가 왜 똑같아야 하는지 그 이유를 이젠 알겠죠?

구슬이 떨어지면 나무 인형의 팔이 움직여요

장영실이 생각해요.

부전의 가로쇠가 방목의 자시에 이르렀다.
가로쇠가 청동 받침대를 밀어 올린다.
청동 받침대가 기울면서
구리 구슬이 굴러 떨어진다.
구리 구슬이 경사면을 구르며
나무 인형에게 다가간다.
구리 구슬의 힘이
나무 인형에 전해진다.

구리 구슬의 힘이 나무 인형에 전해지는 과정은, 피아노 건반을 누른 힘이 줄을 타고 전해지는 과정과 비슷하다고 했어요. 그 과정은 다음과 같아요.

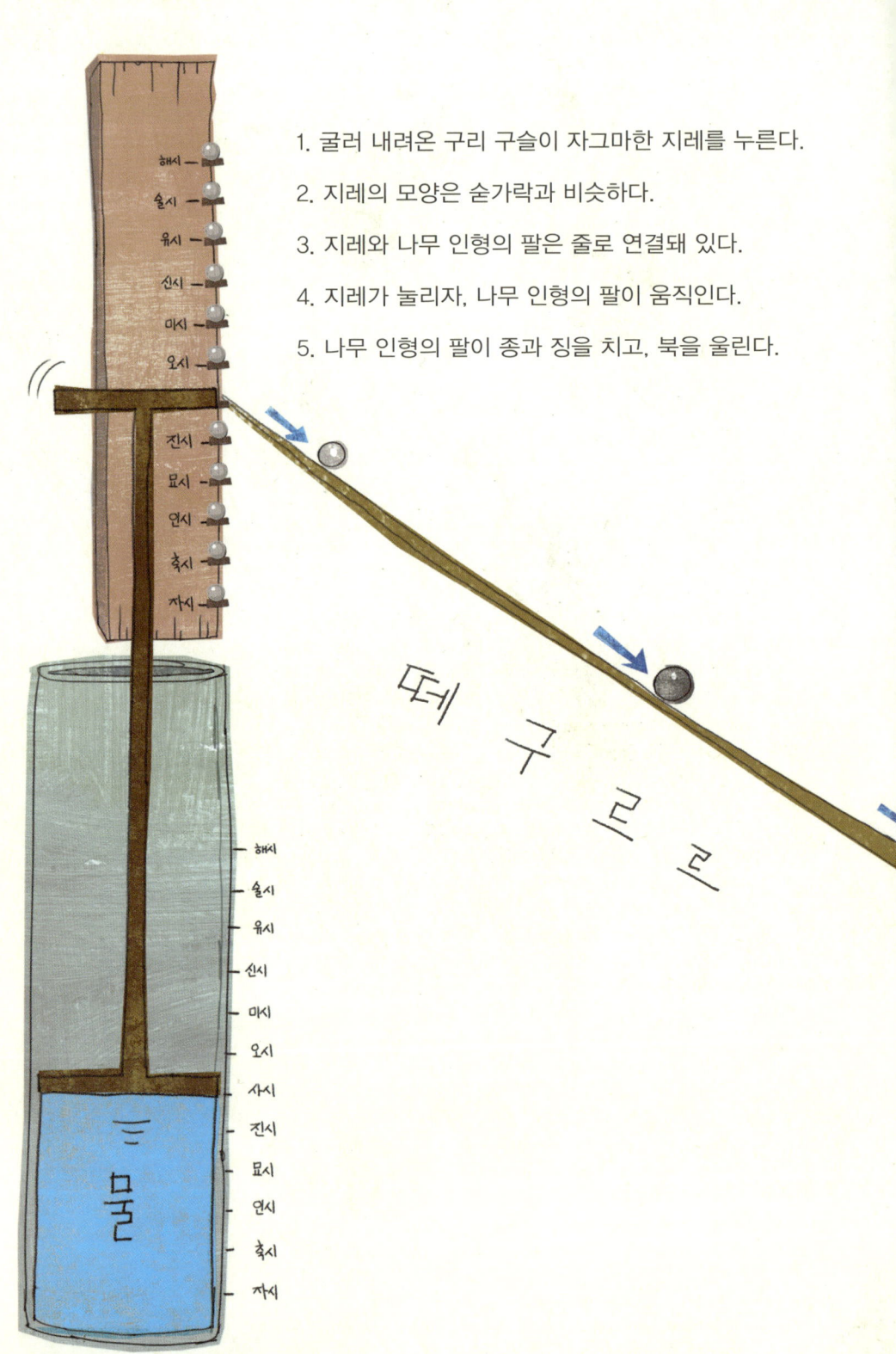

1. 굴러 내려온 구리 구슬이 자그마한 지레를 누른다.
2. 지레의 모양은 숟가락과 비슷하다.
3. 지레와 나무 인형의 팔은 줄로 연결돼 있다.
4. 지레가 눌리자, 나무 인형의 팔이 움직인다.
5. 나무 인형의 팔이 종과 징을 치고, 북을 울린다.

장영실이 물시계를 작동시켜 보았어요. 모든 과정이 순조롭게 진행됐어요. 그런데 마지막에 문제가 생겼어요. 종과 징과 북소리가 거의 들리지 않는 거예요. 장영실이 깊은 고민에 빠졌어요.

왜 이런 일이 생긴 걸까?

장영실은 물시계의 작동 과정을 다시 차근차근 살펴보았어요. 그러고는 이내 문제점을 찾아냈어요.

나무 인형의 팔이 종과 징을 치고 북을 울리는 힘이
너무 약했기 때문이구나!

그래요, 이유는 약한 힘 때문이었어요. 나무 인형에 전해지는 힘이 강력해야 종소리와 징소리와 북소리가 강할 텐데, 그렇지 않았으니 종소리와 징소리와 북소리가 미약할 수밖에 없었던 거예요.

자동 물시계를 완성했어요

장영실은 이제 약한 힘의 원인이 무엇인지를 찾아내기 위해서 생각실험을 하는데요. 장영실의 머릿속으로 들어가 봐요.

나무 인형에 전해진 힘이 약한 것은
지레를 통해서 전해지는 힘이 강하지 않기 때문이다.
종소리와 징소리와 북소리가 커지려면
지레를 통해서 전해지는 힘이 세져야 한다.
이 힘은 구리 구슬이 전해 준다.
따라서 구리 구슬이 구르고 떨어지는 힘이 강력해야 한다.

구리 구슬이 구르고 떨어지는 힘에는 에너지가 담겨 있어요. 과학에서는 이를 운동에너지와 위치에너지라고 불러요. 구리 구슬이 구르는 에너지는 구리 구슬의 운동에너지, 구리 구슬이 떨어지는 에너지는 구리 구슬의 위치에너지라고 하죠.

장영실이 생각을 이어가요.

구리 구슬의 구르고 떨어지는 힘을 강력하게 하려면?
그래, 그렇게 하면 되겠구나!
또 하나의 구리 구슬을 추가하는 거야!

또 하나의 구리 구슬이란 어떤 것이고, 장영실은 대체 이것을 어떻게 이용하면 된다고 보는 것일까요?
장영실의 생각을 계속 따라가 봐요.

방목에 놓은 구리 구슬보다 큰 구리 구슬을 준비한다.
이 새로운 구슬을 방목과 나무 인형의 중간에 놓는다.
방목의 총알만 한 구리 구슬이 떨어져서 구르다가
이 새로운 큰 구슬에 부딪친다.

조선왕조실록을 보면, 장영실이 새롭게 추가한 큰 구슬의 크기가 계란만 하다고 기록하고 있어요.
장영실이 생각을 계속해요.

두 구리 구슬은 충돌 후 상태가 바뀐다.
총알만 한 구리 구슬은 멈추고,
계란만 한 구리 구슬은 움직인다.

계란만 한 구리 구슬이 지레를 향해 굴러 내리더니
이내 지레로 쿵 떨어진다.
구리 구슬의 크기가 총알에서 계란만 하게 변했으니
지레를 내리누르는 힘은 강해졌을 것이다.
나무 인형의 팔에 전해지는 힘도 세졌을 것이다.
나무 인형은 강력해진 힘으로 종과 징을 치고 북을 두드린다.
종소리와 징소리와 북소리는 우렁차게 울려 퍼질 것이다.

우와! 완성이에요.

세종대왕과 장영실이 꿈꾸던, 스스로 시간을 알려 주는 물시계가 드디어 이렇게 완성되었어요.

아래 그림은 조선왕조실록에 적힌 기록(세종 16년인 1434년 음력 7월 1일)을 토대로 해서 그린 장영실의 물시계예요.

참고로, 세계 어디에 내놓아도 자랑스러운 자격루이건만 전해지지 않아서 안타깝기 그지없었는데, 남문현 선생님(건국대학교 명예교수)과 연구팀이 이를 복원하는 데 성공했어요. 현재 국립고궁박물관에 전시되어 있답니다.

세종대왕이 크게 기뻐했어요

세종대왕은 장영실이 시간을 스스로 알려 주는 물시계를 발명했다는 소식을 전해 듣고 이렇게 말했어요.

"장영실이 마침내 자격궁루를 만들었다는 기쁜 소식을 전해 들었다. 비록 나의 가르침을 받아서 만든 것이긴 하지만, 장영실이 아니었다면 도저히 가능하지 않은 일이었을 것이다. 내가 들으니 중국 원나라의 순제 임금 때에 저절로 치는 물시계가 있었다고 하나, 정교함이 장영실의 자격궁루에는 미치지 못하였을 것이다. 장영실이 만대에 이어서 전할 만한 훌륭한 발명품을 만들었으니, 그 공이 작지 아니하다. 그리하여 내 친히 호군의 관직을 장영실에게 내리고자 하느니라."

여기서 세종대왕이 자격궁루라 부르는 것이 오늘날 우리가 자격루라고 부르는 물시계예요. 그리고, 1434년 세종대왕은 경복궁의 경회루 남쪽 보루각에 자격루를 설치했어요.

그림으로 보는 물시계

● **덕수궁 자격루의 비밀**

덕수궁에 가면 물시계를 만날 수 있어요.
맨 위의 큰 항아리가 큰파수호이고, 그 아래의 작은 항아리가 작은파수호이고, 맨 아래쪽에 설치한 길쭉한 것이 수수호예요.

덕수궁 자격루

덕수궁 자격루의 모양은 생각실험으로 그려 본 장영실의 물시계와는 다소 달라 보여요. 아니, 분명히 달라요.
생각실험으로 그려 본 장영실의 물시계는 큰파수호 2개, 작은파수호 2개, 수수호 2개로 이루어져 있어요. 그런데 덕수궁의 물시계는 작은파수호와 수수호는 2개씩인데, 큰파수호는 1개뿐이에요.
장영실의 물시계는 파수호가 4개이고, 덕수궁의 물시계는 파수호가 3개라면 이상하지 않은가요?
조선왕조실록 중 '세종실록'을 보면, 장영실이 발명한 물시계는 큰파수호와 작은파수호는 2개씩 총 4개이고, 수수호는 2개라고 분명히 나와 있어요('세종실록' 중 세종 16년 음력 7월 1일).
그럼 덕수궁의 물시계에 문제가 있는 것일까요? 그것도 아니에요. 덕수궁에 전시돼 있는 물시계는 국보 229호예요. 그만큼 크나큰 가치 있는 대한민국의 유물이란 얘기예요.
장영실의 물시계도, 덕수궁의 물시계도 문제가 없다면, 큰파수호의 개수가 다른 것을 우리는 어떻게 받아들여야 할까요? 생각을 뒤집어, 장영실의 물시계와 덕수궁의 물시계가 서로 다른 물시계라고 보면 어떨까요? 그래요, 덕수궁의 물시계는 장영실이 만든 게 아니라 조선의 제11대 왕인 중종 임금 때(1536년)에 제작한 물시계예요.

● **사라진 자격루**

예전 1만 원권의 앞면을 보면 오른쪽에는 세종대왕이, 왼쪽에는 물시계가 인쇄돼 있었어요. 물시계의 모습을 보면 큰파수호가 1개예요. 장영실이 발명한 물시계가 아니라, 덕수궁의 물시계를 그려 넣은 거예요. 그래서 그 후 새로이 찍은 1만 원권에는 물시계가 사라지고 없답니다.

참고 문헌

『관직명 사전』, 한국학중앙연구원, 2011.

『돌도끼에서 우리별 3호까지』, 전상운 지음, 아이세움, 2008.

『세종대왕과 훈민정음학(개정판)』, 김슬옹 지음, 지식산업사, 2013.

『세종 시대의 과학』, 전상운 지음, 세종대왕기념사업회, 1986.

『세종 시대의 문화』, 한국정신문화연구원 엮음, 태학사, 2011.

『소설 장영실』, 이재운 지음, 책이있는마을, 2016.

『아하! 그땐 이런 과학기술이 있었군요』, 지호진 글, 주니어김영사, 2009.

『우리 역사 과학 기행』, 문중양 지음, 동아시아, 2012.

『우리과학의 수수께끼』, 신동원 엮음, 한겨레출판, 2008.

『우리과학의 수수께끼2』, 신동원 엮음, 한겨레출판, 2011.

『이도 세종대왕』, 이상각 지음, 추수밭, 2008.

『장영실』, 조선사역사연구소 지음, 아토북, 2016.

『장영실』, 최순자 지음, 씽크하우스, 2010.

『장영실은 하늘을 보았다1~2』, 김종록 지음, 랜덤하우스중앙, 2005.

『전통 속의 첨단 공학기술』, 남문현 손욱 지음, 김영사, 2002.

『조선왕조실록』, 국사편찬위원회

『조선의 과학기술』, 한국문화콘텐츠진흥원 편, 박상모 지음, 현암사, 2010.

『하늘에 새긴 우리 역사』, 박창범 지음, 김영사, 2002.

『한국 과학 기술사』, 전상운 지음, 정음사, 1984.

『한국 과학사 이야기1』, 신동원 지음, 책과함께어린이, 2014.

『한국 수학사』, 김용운·김용국 지음, 살림출판사, 2012.

『한국 수학사』, 김용운·김용국 지음, 한국학술정보, 2003.

『한국사 탐험대4(과학)』, 안상현 지음, 웅진주니어, 2005.

『한국사에도 과학이 있는가』, 박성래 지음, 교보문고, 2002.

『한국의 과학문화재』, 전상운 지음, 정음사, 1987.

『한국의 과학사』, 전상운 지음, 세종대왕기념사업회, 2000.

『한국의 물시계』, 남문현 지음, 건국대학교 출판부, 1996.

『한국천문학사』, 나일성 지음, 서울대학교 출판부, 2000.

『한 권으로 읽는 세종대왕실록』, 박영규 지음, 웅진지식하우스, 2014.

『해시계』, 황운구·홍성일·김지연 지음, 과학정원, 2015.

생각실험실 시리즈 ②
장영실의 생각실험실 : 해시계와 물시계
ⓒ 송은영 오승만 2017

1판 1쇄   2017년 9월 5일
1판 8쇄   2025년 12월 1일

지은이   송은영
그린이   오승만
펴낸이   김정순
편 집   허영수
디자인   김수진
마케팅   이보민 손아영

펴낸곳   (주)북하우스 퍼블리셔스
출판등록   1997년 9월 23일 제406-2003-055호
주소   04043 서울시 마포구 양화로 12길 16-9(서교동 북앤빌딩)
전자우편   henamu@hotmail.com
홈페이지   www.bookhouse.co.kr
전화번호   02-3144-3123
팩스   02-3144-3121

ISBN 978-89-5605-813-9 74900
      978-89-5605-746-0 (세트)

해나무는 (주)북하우스 퍼블리셔스의 과학·인문 브랜드입니다.

┌ 어린이제품 안전특별법에 의한 기타표시사항 ─────────────────────
│ 제품명 도서 | 제조자명 (주)북하우스 퍼블리셔스 | 전화번호 02-3144-3123
│ 주소 04043 서울시 마포구 양화로 12길 16-9(서교동 북앤빌딩) | 제조년월 2025년 12월 | 사용 연령 11세 이상
└───